普天之下．盡是好書

普天出版家族
Popular Press Family

凌雲文創
A-Plus Creative Company

懂得說話藝術，就能左右對方的思路

惠特尼曾經寫道：「**說好一句話，有時候比做好一件事更容易獲得別人的重視。**」
確實，這正是人性的弱點所在，只要懂得掌握說話的訣竅，知道在什麼人面前該說什麼話，就可以讓對方的思路跟著自己走。
言語是溝通、交涉的最佳利器，巧妙之處就在於包裹自己的想法，並且讓對方產生共鳴。
有時候，一句話往往加上幾個裝飾字之後，就可以更巧妙地傳達自己原本想要表達的意思。
想要進行有效的交談，把自己的意見一點一滴滲透進對方的腦海裡，就必須先洞悉人性，掌握對方的心理，
然後巧妙引導對方接受自己的說詞。

看穿人性說話藝術

THE ART OF TALKING

楚映天
編著

出版序

說話玩些心機，才能順利達成目的

楚映天

不論溝通、談判或是推銷自己的想法，想要順利達成目的，就必須先看穿對方潛藏的心思，突破對方的心防，牽引對方往自己設定的方向走。

戴爾．卡內基曾說：「如果你想要別人接受他們不想接受的要求，只需將這些要求包裝在他們喜歡聽的話語之中。」

確實如此，不論溝通、談判或是推銷自己的想法，想要順利達成目的，就必須先看穿對方潛藏的心思，然後用對方最喜歡聽的話語，巧妙地傳達自己的意思。如果你能在言談間看穿對方正在想什麼，便可以突破對方的心防，牽引對方往自己設定的方向走。

說話就像一把雙面刃，話說得好、說得巧妙，事情可以圓滿順利；說得不好、說得糟糕，則可能激發對方的逆反心理，讓正在溝通的事項變得更加棘手。

因此，你必須學會看穿人心的說話技巧，設法突破對方的心防，並確實運用於每個需要溝通的場合，讓同事、上司、客戶或是交涉的對象成爲最好的助力，而非最大的阻力。

繁忙的人際交往中，人與人之間的溝通對話不可避免。

一個會說話的人，每一句話都能打動人們的心弦，好像具有一種不可知的魔力，操縱著人們的情緒。他的一舉手一投足，嘴裡發出來的一言一語，彷彿都能影響到周圍空氣的鬆弛與緊張。

這種感染的力量是什麼？就是口才。

和別人接觸的時候，有四件事情容易被人用來當作標準，評定我們的價值，那就是我們做的、我們的面貌、我們說的話，以及我們如何說話。

可惜，許多人爲了種種瑣事的繁忙，忘記最重大的事，缺少時間研究他們的「辭藻」，甚至不肯花一分鐘的時間思考如何充實自己的辭句、如何增加辭句的意義，如何使講話準確清晰。

有些人以爲，只要有才幹，即使沒有口才，也可以達到成功的目的。這種觀念並不完全正確，有才幹並且有口才的人，成功希望才更大。因爲一個人的才幹，完全可以從言語談吐之間充分地表露出來，使對方更進一步地瞭解，並且信任。

人際關係專家畢傑曾說：「如果你想把話說到別人的心坎裡，就必須知道如何利用別人最喜歡聽的話，間接傳達你想要傳達的意思。」

的確，同樣的一件事，用不同的兩種話來表達，最後的結果往往是大相逕庭。如果你可以在事前就知道你想要傳達的人喜歡聽什麼話，然後再用他喜歡聽的話間接傳達你的意見，那麼，對方欣然接受的程度肯定會高出許多。

口才，是生活中應用最普遍也最難能可貴的說話技術。然而，與你交談的對象當中，有幾個長於口才？在日常的談話中，在大庭廣衆的集會中，你遇到過多少使你滿意的談話對象？曾有多少人，能夠把話說到你的心裡去？恐怕都是屈指可數吧！

不論是面對家庭，還是職場，甚至是整個社會，期望無往而不利，少不了得培養自己的口才，強化自身的說話能力。

不能僅僅是說話，而是要把話說到聆聽者的心坎裡去！

口才是現代社會必備的競爭資本，也是增強人際關係的要素，懂得把話說得更巧妙，懂得把意見滲透到別人心裡，更是商業社會的成功之道。

很多人失敗，並不是敗於實力不濟，而是不知道運用「語言」這項利器。唯有細心研讀並靈活應用語言的魅力，具備良好的說話能力，才能增進自己的各項能力，在商業社會遊刃有餘。

PART 1 加深印象，更有說服力量

想要讓自己說的話更有說服力，務必要使語意生動明晰，才能深深打動聽者的心，進而獲得不同凡響的效果。

PART 2

出乎預料往往能收意外功效

想要強力克制自己處於興奮、衝動、極度緊張時的言行舉止，是一件很不容易的事，但這種功夫往往能使對手極度不安。

PART 3

拋出肯定問題讓對方傻傻同意

以絕對肯定性的方式作為話題的開頭，讓對方在不知不覺中放鬆心情，解除了心理的武裝。

PART 4

站在對方的角度，活用說話藝術

有些顧客確實無購買能力，有些卻是想進行討價還價，推銷員一定要仔細分析其真正原因，加以擊破！

PART 5

換個說法，就可以改變對方的想法

引導想法的說話方法，對於任何誤以為自己有許多毛病的人，通常都相當適用，可有效解除心理上的困境。

PART 6

懂得說話，就不會尷尬

在任何場合開口說話時，一定要三思而後言。古人常說的「禍從口出」，就是因為不考慮清楚就隨意開口，為自己惹來了麻煩。

PART 7 技巧性接話有助於套出真話

附和對方的語意，他便會迷失在想說的話當中，甚至誤以為那就是自己談話的中心，而毫不忌憚地繼續說下去。

PART 8

摸透人心再開口

說服之前，必須了解對方。付出的心力越大，設想越周密，話就能說得越好，成功的機率自然更高。

PART 1

加深印象，更有說服力量

想要讓自己說的話更有說服力，
務必要使語意生動明晰，
才能深深打動聽者的心，
進而獲得不同凡響的效果。

以穩重的聲線穩定場面

以穩重的姿態應答，將在不知不覺間，強制更改對方激動的語調。如此才能化戾氣為祥和，順利解開誤會，甚至轉敵為友。

英國詩人S．T．柯立芝曾說：「語言是人類心智的軍火庫，藏著以往的戰利品及未來征服的武器。」

確實，言語是溝通的最佳利器，最大用途就在於包裹自己的想法，並且讓對方產生共鳴。想要進行有效的交談，把自己的意見一點一滴滲透進對方的腦海裡，就必須先洞悉對方的心理，然後巧妙引導對方接受自己的說詞。

許多語言學家都強調，想要以語言說服對方，無論問話或答話，都應該保持著冷靜沉著的態度，因爲在這種心態下，才能夠以低沉穩重的語氣說話，而這正是一般人比較容易接受的聲音與方式。

美國海軍和克尼庸大學的語言研究社，共同做過一項研究，在艦艇上以內部傳聲裝置進行試驗。結果證實了，發問者的聲音越大，回應者的音量也會跟著放大，也就是說你不客氣，我也不客氣；你的聲音大，我就要比你更大。

說話也是如此，當對方一開始就以高昂強硬、亢奮激動的口吻說話，自己的回答就必須越發保持低沉穩健，否則無法繼續下去。

耶魯大學心理學教授卡魯博士，曾經以各種不同的談話模式，來測試學生們的理解程度，結果證明了一個道理：低沉穩重的語調，比起亢奮、熱情，甚至帶有脅迫、煽動性的言辭，更容易被學生們接受。

鈴木健二從前是日本NHK廣播電台的知名播音員，後來將累積了二十餘年「口語生涯」經驗，撰寫成《用心交談》一書，其中有句警語說道：「若想**把自己的想法、意見，成功地傳達給對方，就要將彼此眼觀眼之距離保持在三**

十至五十公分，這是最適切理想的。但是，還有一件事必須特別注意，就是說話的聲音，必須比平常低一半。」

「低一半」當然不是非常科學的說法，低七個音階也不容易被一般人了解，只能解釋成聲音要放低，低到平時說語調二分之一的程度。用「低一半」的方式對付情緒激動、來勢洶洶的人，最容易產生抑壓的效果。

和別人談話時，我們偶爾會操之過急，急欲表達自己的意見，不等對方的話告一段落，便倏然打斷。受到急於表達己見的心態影響，會在不知不覺中提高自己說話的音調，一改原來低沉、具有說服力的聲調，最後一路失控，變成潑婦罵街、相互謾罵了。

有效運用以聽者爲主體的姿態，也能夠產生驚人的效果。

有些高明人物說話總是慢條斯理、低沉穩健、細聲細調，如果不豎耳傾聽，絕對不知道他到底在說什麼。但是聽話的人會因此全神貫注地聆聽，並在不知不覺當中贊成他的主張。

制服高音調的最好方法，是先冷靜下來，以低沉穩重且極其肯定的語氣和對方交談，如此才能化戾氣爲祥和，順利解開誤會，甚至轉敵爲友。

以穩重的姿態應答，將在不知不覺間強制更改對方激動的語調。如果對方一開始便放大嗓門高談闊論，自己也不服輸地針鋒相對，對話勢必會陷入水火不容的困境當中，對雙方都沒有幫助。

打造個人商標，塑造生動形象

塑造一個幽默、易於記憶，又能給人深刻印象的「商標」，將能使你生動地活在對方的心目中。

國際行銷專家賽斯高汀曾說：「人們很容易在極短時間之內，做出極複雜的判斷，而且，一旦下結論，就不易做改變。」

懂得洗腦藝術的人，往往會運用這種心理，誘導別人接受自己的想法，讓自己無往不利。我們不難見到，無論是政界、商場、學界，或是其他領域，最受人歡迎的，通常都是善於操弄別人想法的佼佼者。

不論是聽、是看，甚至於聞，我們都會對一件事產生或好或壞，或肯定或否定的印象。也許有人以爲這印象是根據自我判斷而來，殊不知絕大部份仍是由外在別人的影響所造成。

心理學家曾做過如下的實驗，將一群人分成兩組，拿出一張看似時鐘又似螃蟹的抽象畫，分別給兩組人看。對第一組人說：「這是時鐘。」對第二組卻說：「這是螃蟹。」

結果，兩組人果眞相信那幅畫是時鐘或者是螃蟹，這就證明了「先入爲主」的概念確實會影響人的判斷與印象。

這在心理學上由來已久，被稱之爲「拉培林克效應」。

有位政治家，因爲深知「語言心理戰」的妙用，便想盡辦法用來擊敗自己的政敵。只要他爲對方冠上不好的外號，這位政敵的聲譽就會一落千丈，這就是「拉培林克效應」的典型效應。

大衆傳播日益發達的今日，不論是網路、新聞、電視或廣播，都能夠影響人們的觀念和喜好，所以避免外來的因素影響，努力創造象徵自我的商標，是件刻不容緩的事。

「她是賈桂琳，我是她的丈夫。」美國前總統甘迺迪和美麗的妻子賈桂琳出席任何場合，總是以這句話來介紹自己。以這種方式展開自我介紹，別人聽來格外親切自然，同時也爲自己樹立起獨特的商標，化解了總統與一般人之間難以跨越的隔閡，是成功的做法。

每一種商品都有它的商標，每個人都各自的特色，這裡所說的商標，並非生理特徵、品德表現，而特指「口頭禪」。說話應對上的口頭禪，正如同商品的商標，甚至能夠成爲個人固定的宣傳語。當人們一聽到同樣的話語之時，便不由自主地聯想到某個人，就是讓人留下印象的成功商標。

商標須由自己主動產生，如由別人來選定，雖然也能令人對你產生印象，但是這個外來的商標，就具有脫離操控的危險性。因爲在自己不知道的某些場合，它即有可能會被摻入惡劣的印象，甚至引起外界的誤解，或是有被惡意中傷之虞，反倒造成傷害。

由自己獨特的特徵主動打造的商標，不容他人的意志左右，沒有前述弊害，更能夠確實地在對方心中留下深刻且正面的印象。

一個知名的例子，便是美國老羅斯福總統，他在應對上有一句特殊的口頭禪——「愉快之至」（With pleasure），配上他的獨特發音，竟然博得百姓的喜愛，每每聞言便掌聲不斷。

最得人緣的歌手，唱歌時總帶著個人的特殊唱腔。這類在下意識裡形成的特徵，容易引起聽眾的共鳴，使印象深植於心。也因此，一般大企業在經營或宣傳上，無不絞盡腦汁創造獨特的「商標」，甚至不惜重金徵求。

必須注意，「商標」的擇取不當會令人生厭，產生反效果。因此必須設法塑造幽默、易於記憶，又能給人留下深刻印象的「商標」，藉著它，使自己生動地活在對方的心目中。

善用視覺性談話，言語魅力更大

說話的時候，不能使聽者產生視覺性的想像，那麼無論使用的詞藻有多麼優美，也難以讓人動容，更遑論留下深刻的印象。

很多人失敗，並不是敗於實力不濟，而是不知道運用「語言」這項利器，不知道如何看穿對方的心思，不知道如何透過語言進行洗腦。

爲了增強說話效果，除了運用腔調，也可以嘗試採用「視覺性談話」。《成功講話術》的作者戴爾·卡內基是位享有盛名的天才演說家，據說年輕之時曾有一段趣事。

大學畢業後，卡內基便進入一家運銷公司上班，每天必須隨著貨車在南達科他州四處巡視推銷。有一天，他路過不是由他的公司負責經銷的雷脫菲魯特城，決定於此稍做休息。

由於一路的生意清淡，卡內基感到十分憂慮，便揹著手在廣場上踱步。意想不到的事情發生了，走著走著，突然靈感乍現，他想起了莎士比亞四大名劇之一《馬克白》（Macbeyh），一剎那間渾然忘我，以棍當劍，當街表演了起來：「啊！劍啊！我看見一柄短劍，它正刺向我。啊！劍啊！逮住它！阻止它！千萬別讓它靠近我，碰著了我人……」

正當又唱又舞，自我陶醉、渾然忘我時，一名交通警察突然出現，一把捉住他，大聲喝道：「幹什麼？光天化日之下竟然恐嚇行人，難道你想搶劫？」

一語驚起夢中人，卡內基被這名警察喊醒，立刻連聲道歉，說明原委後，好不容易才得到諒解，免去罰金。

原來是遠在百碼以外，站在自家窗口觀望的一位婦人通知警方。距離這麼遠，她當然聽不見卡內基在嚷些什麼，只因為他的表情令人心驚，動作讓人害怕，她就決定報警了。

由這段軼事可以證實一件事，視覺能支配講話的內容和音調。許多心理學者還認爲，人們獵取知識的方法，其中有八十五%都是靠著視覺的幫助，從而得到收穫。

歷史上的知名演說家，無不深知箇中奧妙，描述事情時，經常加入視覺上的比喻，以加深聽者的印象。

例如，美國第十任總統林肯，每次遇到冗長又枯燥的報告時，總會說：「選購一匹良馬，你無須細數牠的鬃毛有多少，最重要的一件事，是確認牠是否具備日行千里的能力。」

林肯相當重視說話的視覺性，想要把話說得更巧妙，這點更加必要。說話的時候，若不能使聽者產生視覺性的想像，那麼無論使用的詞藻有多麼優美，也難以讓人動容，更遑論留下深刻的印象。

加深印象，更有說服力量

想要讓自己說的話更有說服力，務必要使語意生動明晰，才能深深打動聽者的心，進而獲得不同凡響的效果。

心理學上有所謂「意識化的法則」，意思是指：如果想要刻意加以否定或抑制，我們對某一事物的觀感、意識，在心理上必然會先感受到抗拒力。

有一種「反轉圓形」的小遊戲，相信很多人都玩過。在一張黑紙上印上幾個白色冠軍盃的圖形，接著將它急速轉動，只要一直盯著它看，就會看到上面不只有冠軍盃，還浮現兩張相對的面孔。

當然，這並不是實象，只是物與背景快速轉動所顯現出來的幻象。

以黑襯托白，白將顯得更白。將這道理運用在說話技巧上，便要懂得以否定表達更強烈的肯定，描繪出更深刻的印象。

「以否定表示更強烈的肯定」，若是運用得當，成效相當好。

有家香煙廠商製造的產品特別長，但在廣告上卻強調長香煙的不方便，結果產品的知名度因此提升，銷售量也直線上升。

某位高中生第一年考大學不幸名落孫山，第二年也榜上無名，經過第三回的努力，好不容易金榜題名，心中欣喜異常，立刻打電話回家告訴母親，但卻故意壓低嗓門說：「媽媽，我的成績不太理想！」

母親聽到那種聲音，緊張地追問：「又是名落孫山？」

「考是考上了，但……」

這位母親一聽，原先的失望、忿怒，一瞬間轉化成喜悅，意料之外的變化自然讓她的驚喜感受更加深刻。

以上的說話技巧，就是利用反面手法，達到更強烈的正面效果。

除此之外，想要讓自己說出的話更有說服力，務必要使語意生動明晰，才能深深打動聽者的心，進而獲得不同凡響的效果。

希臘哲學家阿拉佛雷德斯便主張：「生動並無一定的準則，唯有力求不斷變化，才是生動的本質。」

注重生動地傳達語言和思想，能夠讓想法表達得更加精采活潑、扣人心弦，富有生命力。

宣傳用的廣告文案，是企劃家們嘔心瀝血的結晶，其中最重要的就是「標題」，「內容」則次之。

「標題」的本意就在於具有吸引力，能夠先抓住觀者的注意力，接著才有興趣去看「內容」。這就是各大廣告公司往往極力尋求真正簡潔有力、富有吸引力的廣告標語的原因。

人的記憶惰性相當重，只憑單純事實顯然不夠，於是就有人故意捏造出一個形象，再透過各種媒介讓視聽大眾產生第二真實性的幻覺，這就是「疑似假冒」，在廣告中的應用相當普遍。

美國廣告界的先驅霍普金斯先生，撰寫文案的能力赫赫有名，他曾接受生力啤酒公司的委託，代爲設計一句廣告語。在參觀該工廠全部製造過程以後，經過仔細地思考，他擬出了一段廣告文案：「生力啤酒，經過絕對有效的殺菌消毒，所以最美味、最衛生。」

乍看平凡無奇，但強調了其他啤酒欠缺的衛生形象。生力啤酒就因爲這則廣告語，銷售量由世界第五位躍居第一。

可口可樂、百事可樂以及賓士等等名牌汽車，之所以能夠獲得世界各國消費者的喜愛，廣告標語肯定佔了很大的原因。

能夠做到簡潔有力、具有創意，就能成功吸引消費群體的注意。有辦法在消費者心中留下印象，行銷自然成功。不僅限於商業領域，日常的人際相處同樣適宜運用這些方法，掌握其中的精髓，就能夠有效達成加深他人印象的目的。

應用措詞技巧，讓話說得更好

想要讓自己的說話用辭更加生動有趣，就該注意措辭的技巧，如此一來一定能使話說得更好，成為受人歡迎的對象。

很多年前，即有心理學者、語言學者不斷針對一個課題進行研究——如何在定量的客觀的條件上，把握住特定的概念。

所謂語言文字，並不是每個字都具有確定的意義，功用只在對既有的經驗引發聯想。因此，一語一字都可能使人產生不同的印象。

指示語的作用，在於把原本不通曉的人或事，和殘留在記憶裡的其他事混淆在一起，產生共同意識，於印象裡「鳩佔鵲巢」。

「『那』地方一到深夜，便可聽見哭聲、叫罵聲、啜泣聲不絕於耳。」
「『那』位小姐選擇自殺，爲了什麼？」
「『那』件兇殺案，仍然處於膠著狀態。」

這些用詞經常在報刊雜誌上出現，日常生活中，人們也常在對話中吐出「那」或「這」的指示語。

稍加留意便能發現，這幾個指示語會讓聽者產生一種錯覺，對「那」被指示出來的人事物，產生似曾相識的親切感。

以「觀者和聽者都知道」爲前提，縮短彼此的心理距離，產生讓對方附和、贊同的效果，這在心理學上，被稱作「意義微分法」。

爲了說服別人，或使對方和自己採取同樣的步調，言語中的一詞一字都必須予人鮮明的印象。

如果「那」字使用得當，更能使「那」印象深遠。

譬如「你等的『那』輛車來了」，這個「那」字就用得非常恰當自然。

實際上，也許聽話者並沒有在等候「那」輛車，只是旁觀者如此以爲而已，但這就是語言的魔力。

同樣的道理，在下面這個例子也可獲得印證：

有一位外型十分亮麗的女性，遲遲沒有結婚。有人問她為何至今在感情上仍是一片空白，未能安定下來？

她這麼解釋：「我是個天生具有反抗性的女人，不懂得社會的規範。如果遇到太過於拘謹的男人，多少會存著不願與他們交往的心態，如果遇到比較柔順的男人，又會覺得他沒有男子氣概……」

心理學家說，這段話聽起來有種不自在的感覺，因為當中的某些部份在修辭學上被稱為「視覺語」，只適合用文字表現，用說的則會顯得彆扭。

她應當試著這麼說：「我是一個很固執、反抗意識很強烈的女人，平常不善於交際，也不知道該怎麼表現自己，遇到了拘謹保守的男人，總是提不起勁來與他交往，如果是個順應環境的人，又免不了覺得他缺少男子氣魄……」

同樣的內容，因爲措詞的不同，便會給人不同的感受。

人們往往以爲，對著上司、長輩，或陌生人說話時，應該參雜一些平時不常使用且難懂的詞句，藉以搪塞、掩飾、保護自己。

這時，大量的「視覺語」就會出現在交談中，結果反而導致話講得既艱澀又難懂，毫不生動，讓聽者失去信賴感和親切感。

身爲對外聯繫、互動的推銷員或店員，尤其應忌諱使用「視覺語」。

前美國總統杜魯門的私人秘書徹利曼曾說：「人比商品更容易遭到非議，一旦不慎說出不恰當的詞語，就會搞砸人際關係。」

想要讓自己的說話用辭更加生動有趣，就該注意措辭的技巧，如此一來一定能使話說得更好，成爲受人歡迎的對象。

調換主賓語，有效增加樂趣

試著變動許多說慣了的寒暄應酬話的主語、受詞位置，也許能夠產生新奇的效果，讓對方留下深刻印象。

「水平思考法」由心理學家耶脫瓦特．波諾博士提出，他並創造一種新鮮的觀念，稱爲「意識上可倒置事物的關係」。

確實如此，換個思維方式，往往可以把話說得更妙、更好。

英國大文豪蕭伯納留給世人許多俏皮、機智，又極爲幽默的名言。

以下是一則極富幽默的笑話，可以看出蕭伯納由於應用了「水平思考法」，所以棋先一著，在對話中佔得優勢。

有一位演技差勁但美色出眾的女伶，自視頗高，平時生活在眾星拱月的環境當中，高傲嬌貴，一點也不將別人放在眼裡。

然而，她非常仰慕蕭伯納的才華。

某次宴會中，女伶和蕭伯納巧遇，她自信十足，展現出最迷人的笑容和語調，向蕭伯納說：「如果以我的美貌，加上你的才華，生下來的孩子，必定是社會中最優秀的頂尖人物！」

這位大文豪立刻還以顏色，毫不遲疑地回答：「如果這個孩子集了我的容貌和妳的才能，那將會是什麼樣子呢？」

頓時，這位女伶猶如被當頭潑下一桶冷水，只能愣愣地盯著這位大文豪，張口結舌，說不出第二句話。

蕭伯納以高度的機智抑挫了對方的狂妄，運用倒置順序的言語技巧，使對方的高傲發揮不了作用，只能啞口無言。

「狗咬人不是新聞，人咬狗才是新聞。」

這是執筆寫花邊新聞的記者們慣用的花招，把「狗咬人」這句再普通不過話當中的賓主易位，以成功挑起讀者的好奇心，讓一件平凡小事成爲人人爭看、有價值的大新聞。

日常生活中，許多說慣了的寒暄應酬話，想必讓自己和對方都感到相當厭膩，不如試著變動這些話的主語、受詞的位置，也許能夠產生新奇的效果，讓對方留下深刻的印象。

想要把話說得更妙，就從小地方開始。

細心研讀說話的各種技巧，掌握對方的心思後加以靈活應用，會使你更迅速擄獲人心，也更順利達成自己的目的。

注意語調，把話說得更好

「一句話能讓人捧腹大笑，也能讓人聽得暴跳如雷。」同樣的一句話，會引起哪種反應，全掌握在說話人的語調和方式。

觀察身邊的朋友，我們也許會發現一個現象：有些人不管走到哪裡，融洽氣氛就跟著到哪裡，總能給人一種「如沐春風」的感覺。

這種人縱使處於充滿火藥味的場合，也能讓說話聲調成爲最佳的緩和劑，鬆弛劍拔弩張的緊張氣氛。在應對上尤其如此，藉合宜的語氣引起對方的快適，不知不覺之中就附和了他的主張，達成共識。

日本演說家德川夢聲先生，在《演講術》中記述了一則故事：

有一位歌舞演員，在一座劇場舞台上表演時，突然觀眾席上有人對著他大喊：「蘿蔔腿！蘿蔔腿！」

只見這位蘿蔔腿的演員不慌不忙，面不改色，用一貫的腔調唱道：「蘿蔔腿是哪一個？」

那位觀眾立即不甘示弱，還以顏色說：「是我，是我！」

這位演員立刻幽他一默，笑道：「原來你是位蘿蔔腿！」

全場觀眾哄堂大笑，掌聲不絕。

這位蘿蔔腿演員，不但因此逃脫了「蘿蔔腿」的封號，還因自己的機智和幽默，成了最受歡迎的名伶。

由此可見，言談間的聲調和說法，確實很重要。有句俗話說得好：「一句話能讓人聽了捧腹大笑，也能讓人聽得暴跳如雷。」同樣的一句話，會引起哪種反應，全掌握在說話人的語調和方式。

曾風靡一時的一代尤物瑪麗蓮夢露，擁有美麗的臉龐、迷人的身段、白皙的肌膚、修長的玉腿，再加上充滿性感、令人心動神搖的美臀，任何人見了都會深受吸引，終身難忘。

但是，心理學家認為，她最能顛倒眾生的特質，在於迷人語調。瑪麗蓮夢露的談吐有種餘音繞樑的效果，嗲聲嗲氣中隱藏可以支配他人的魔力。

想要學習說話技巧的人，應在聲調上多下點功夫。迷人悅耳的聲調可以幫助增進人際關係，不僅使朋友願意親近你，更可讓上司樂於採納你的意見，下屬願意執行你的命令。

德國著名的心理學家朱利安．佛斯特在《行為語言的奧秘》一書中，曾特別指出母音的重要性。

例如，法國大革命時，巴黎民眾呼出的口號是：「走啊！走啊！把貴族們吊死在街燈上啊！」

就憑著語尾韻母的魔力，促使百姓成群結隊地加入革命行列，推翻波旁王朝的統治，能不令人感到訝異嗎？

朱利安．佛斯特更分析希特勒的演說，並提出疑問：究竟是什麼力量，驅使成千上萬的德國人，如同著魔一般，引發第二次世界大戰？

希特勒的演說內容，並無精采出奇之處，但是同樣的一句話，由他嘴裡說出來，卻能扣住每名聽眾的心，讓群眾心甘情願跟著走，在不知不覺中成爲他利用以達成野心的工具。

不止希特勒一人，縱觀歷史，著名的演說家都是如此。一篇具價值的學術講述能否傳世，取決於演講者演說時的語調、聲音，如果能夠吸引聽眾的情念心理，引起共鳴，就是成功的。成功的政治家、軍事家的演說，說服群眾的關鍵，往往在於音調，而非內容。

在我們日常生活所使用的語言中，慣用口音大都含有仰慕、讚嘆、認同的意味。喝采的時候，我們會發出「喔！喔！」的聲音，辭窮時，則「嗯……」地拖著音，英語中的「Y」和「I」也表達了類似的感情。這些音大都是人類最初的發音，裡頭蘊藏了豐沛的感情。

想成為比希特勒更出色的演說家，必須加以善用。

由於口音和語調上的差別，兩句話的內容縱使全部相同，仍可能給人迥然不同的心理感受。所以，同樣一句話，女朋友說出來，使你飄飄然，若換成上司講，你說不定會生一頓悶氣。

與朋友相處時，想說服別人時，如何藉著合適的語言音調來表達自己的感情、心情、思想，是一門很大的學問。

沉默是最巧妙的「訴說」

沉默其實是最巧妙的「訴說」，沉默製造的效果，絕對不可等閒視之，大可以運用到日常生活的應對裡。

無論是演說也好，集會時發表意見也好，與會者必定不在少數，讓自己的「話」眞正被別人聽見、聽懂、被接受，才是與會的最終目的，因此不可免地必須運用一些說話技巧。

要使談話能收得效果，重點在於喚起聽話者的注意力，使自己「說」出的話深印在對方的腦海中。

有一位雄辯家，上台演說時總是會將音量放小。如果發覺聽衆中出現騷動、不寧、混亂的狀況，他不僅不會提高音量，企圖壓制雜音，反而會降低聲音，甚至變成喃喃自語，彷彿只有嘴唇仍在翕動，幾乎讓人聽不到演說。

這麼一來，聽衆立刻會驚覺到不對勁，瞬間，會場就會恢復原有的平靜，於是，他便從容不迫地恢復了常態。憑藉這項演講要訣，使他聞名於世，在知名演講者中佔有一席之地。

雖然上台開口乃是理所當然的事，但如果站在台上仍然緊閉著嘴，或是站起來遲遲不說話，人們就會因爲演說者的異常表現，激起特別注意。用沉默製造訴說的效果，這便是成功的演說者在大衆前經常使用的利器。

哲學家西田幾多郎，讓愛好哲學的日本青年尊如神明。他每次登台演講，總是先靜靜地站立幾分鐘，眼光四掃，直到全場鴉雀無聲，幾乎落針可聞，然後才開始闡述自己的哲學精髓。這項拿手絕招，使得言者諄諄，聽者絕不藐藐。

日本有位著名的演員尾上菊五郎，曾搜集演說詞編輯成冊，收錄成《藝一書，心理學者都認定那是一部趣味無窮的作品。

其中，有段關於「沉默的效用」的故事，劇情是這樣的：

一個反派角色設計殺人越貨，開始點數五十兩贓款，以清脆嘹亮的聲音唱數著：「五兩、六兩、……十五兩、十六兩……」到了四十九兩時，突然停下來不數了。台上無聲，台下自然也跟著寂靜下來，觀眾們都屏息以待，一顆心被懸宕在半空中，等到「五十兩」好不容易被數出來，觀眾們才跟著長長地吐出一口氣。

這一聲「五十兩」有些刻意，卻能夠牢牢地扣住觀衆的心。那般氣氛與情景，從應用演說的角度來說，是空前的成功。

由此可見，沉默其實是最巧妙的「訴說」，沉默製造的效果，絕對不可等閒視之，大可以運用到日常生活的應對裡。

言語尖銳，讓不受歡迎的人知難而退

> 使用對感情交流正常發展有負面影響的詞，只有百害而無一利。但如果希望討厭的人自動離開，不妨多用些刺耳的詞吧！

勉強自己和一個討厭的人來往，不僅沒有意思，也浪費時間。

但若要你拿出勇氣來，當面和對方攤牌：「我不想再看到你，你別再找我好嗎？」卻又感到太不留情面，很難說出口。

這時候，只要採取下列方式，便能夠若無其事、輕輕鬆鬆地把他們打發。

例如，面對一再登門拜訪的推銷員，不妨這麼說：

一、謝謝，但我不想要。

二、不必了，謝謝。

三、價錢太高了，買不起。

四、我現有的已經夠用了。

日本商業專家森本厚吉在他所著《說話法經緯》一書裡，認爲以上這四句話當中的任何一句，都足以成功地拒退推銷員，使他們知難而退。

如果把這四句話稍加變化，進一步用於人際的交往過程中，便能夠在日常生活裡應付自如。那麼，應如何變通呢？

可採用的句式如下：

一、我一點也不想聽你說這些話。

二、這些話對我沒用。

三、以後再說吧！

四、那種事我早就知道了。

這四句話中，以第一句最具效果，但必須視時視地、因對象妥善運用。它們雖不致於讓對方狼狽不堪，但必會知趣地自找台階下。

再更進一步來說，當我們討厭一個人，想要趕走他，卻又不能直接挑明了說，就該聰明地利用說話技巧達到目的。

•應用非情感交流詞語

優秀的小說家、劇作家、作家、作詞者們，簡直就是「語言魔術師」。經過他們安排的巧妙台詞，總能充分描寫出場人物的心理狀況，並帶動情節發展，技巧之卓越，實在令人讚嘆。

可是事實上，當你在看一齣戲時，只要稍加留心，必定會發覺在某個特定的場合，會出現特殊的話。

舉一個明顯的例子，酒家女、舞女在和她們的恩客話別時，幾乎都是千篇一律地說：「好啦！反正像我這種女人，怎麼能夠和你攀上交情！」

不仔細分析這句話，絕對想不到諸如「好啦」、「反正」等輔助詞，雖然沒有實體意義，卻能產生舉足輕重的影響。這都是些違逆人與人情感交流的「非感情交流用語」，當然，這類用語數量不少，並非僅有這幾個。

上述這些話對於感情交流的正常發展，百害而無一利，但能發揮「非常效果」。因此，如果希望討厭的人自動離開，不妨多用些刺耳的詞吧！

●打岔

無預警切斷別人的話，殺傷力極大，畢竟再沒有比正滔滔不絕地講話時，突然被人打岔，更令人感到惱火的事情了。

一位善於此道的人，必定是這樣的：當別人高談闊論，漸入話題軸心，立刻瞄準了關節處打岔：「是那樣嗎？」

接著，便是一連串無關緊要、無關痛癢的廢話。

這當然有礙於交際往來，可是用它來逃避惹人厭者，卻能屢屢奏效。

有位家庭主婦運用這個方法，可說到了出神入化的境界。當她不想聽人囉唆，或想拒絕登門拜訪的推銷員時，便會在對方講得正起勁時，很不客氣地說：「對不起，我要上一號。」

可想而知，如此重複兩三次之後，對方就沒有繼續講下去的興致了。

連續使用附和語，也是中斷談興的好方法：

一、強硬地切斷對方的主要講題：「這是什麼」、「請再說一次」、「請等一下」……等。

二、轉換對方的話題：「是那樣嗎」、「話不能這麼說」、「難道沒有例外嗎」、「有時候」……等。

無論在任何場合，若能把上述列舉的話，每隔五、六分鐘便用上一次，保證發揮神效，可以讓討人厭的推銷員、喜歡在你面前嘮叨的人受到某種程度的打擊，乖乖地離開，不敢再繼續大發厥辭。

要讓女人離自己遠一點，又該怎麼做呢？

風流的美國男人之間，相傳著這麼一句話，專門用來對付一夜情的女性──「妳打嗝的味道眞難聞！」此話一出，成功率高達百分之百，那位和自己有「一夜之緣」的女性必定會又羞又怒地甩門離開。

當著異性的面，男人們通常都像個紳士，說話用詞極爲小心謹愼。可是，一旦所處的場合沒有女人，便會像變了個人似的，髒話滿天飛。

他們當中，絕大多數都相信一句話：「女人允許你背地裡做髒事，但絕不能當她的面說髒話。」

由此看來，我們可以知道，絕大多數女性對於生理上的用語相當敏感，很怕聽到別人當面說出來。如果有人當面提出的話，那場面眞會讓女性感到不知所措，難堪到極點，恨不得鑽進地洞裡去。

說些不客氣、較尖銳的話，是讓討厭的人離開自己的好方法。當然，仍需掌握一定的尺度，以不過分汙辱人爲原則，這點必須謹記。

PART

2

出乎預料
往往能收意外功效

想要強力克制自己處於興奮、衝動、
極度緊張時的言行舉止，
是一件很不容易的事，
但這種功夫往往能使對手極度不安。

抓準心理漏洞，交涉更能成功

利用對方在心理上出現漏洞時趁機爭取利益，不失為一個好方法，讓對方無話可說，即使有怨也無處訴。

語言就像一把雙面刃，說得好，事情可以圓滿順利；說得不好，則可能激發對方的逆反心理，讓事情變得更加棘手。

因此，活在競爭激烈的現代社會，每個人都必須學會操縱人心的說話技巧，確實運用在每個需要的場合，讓同事、上司、客戶或是交涉的對象都成為最好的助力，而非最大的阻力。

當你開口說話，逗得對方樂在心裡、笑在口裡的時候，忽然話鋒一轉，頂他幾句，無論是脾氣再怎麼莽撞、暴烈的人，也無法立刻還以顏色，因爲他的笑容都還掛在臉上，很難立刻收起來。

因此，如果要藉著語言達到某種目的，就必須先讓對方高興，最好到失態程度，接著再捕捉最恰當的時機，藉「語言」迫他贊成、同意或投降。

類似的運用，在商場最常見，例如以下實例：

一個表演團的代表要到某家酒店進行交涉，因為這家酒店的經理非常精明，答應支付的報酬太過低廉，將讓表演團入不敷出。

但是礙於情面，表演團代表又很難拒絕對方，原來這位經理曾經在表演團發生財務困境的時候予以周轉。

該怎麼辦才好呢？

經過一整晚的思考，表演團代表終於想出一個好方法。

隔天餐宴上，她絕口不提酬勞的事，只是陪著酒店經理抽煙、聊天、說話，引得經理開懷大笑，然後代表主動說：「我們表演團的全體同仁，可以為您和貴店虧本演出。」

經理聽了這句話，更樂得眉開眼笑，呵呵的笑聲怎麼也止不住，想不到這位代表突然把臉色一沉，非常鄭重且嚴肅地說：「什麼！這有什麼可笑的？你把我當傻瓜，以為我真的是那種人嗎？好！你這個鐵公雞，我已經認清了。對不起，這次演出就此取消。」

接著她裝出憤而離席的樣子，讓那位笑容還掛在臉上的經理大為恐慌，只得一把將她拉住，賠不是道：「千萬別這樣，有話好說、有話好說，關於報酬，我們可以從長計議。」

這個代表真是位「最佳演員」，演出的效果好極了。於是雙方重訂合約，照舊演出，表演團終於獲得應有的利益。

利用對方在心理上出現漏洞，趁機爭取利益，不失爲一個好方法，巧妙使用這一招通常都能成功，讓對方無話可說，即使有怨也無處訴。

出乎預料往往能收意外功效

想要強力克制自己處於興奮、衝動、極度緊張時的言行舉止，是一件很不容易的事，但這種功夫往往能使對手極度不安。

根據資深警員們多年經驗得出的看法，被害者在面對竊賊時都有一種共同心理，就是恐懼被殺害。

逃走、呼救正是一般人遭受盜竊時的共同反應，盜竊者對於這種現象也有了防備的措施，料定被害人一定會驚嚇不已。如果狀況正好相反，對方不僅不逃走也不呼救，反而會令竊賊深感不安。

有一次，日本女作家曾野綾子的住宅被侵入，好幾名歹徒闖進臥室。

曾野綾子雖然非常害怕，但強自壓抑恐懼，鎮定地說：「帶走你們要拿的東西，然後滾蛋！」

歹徒們聽了這番話，不禁大吃一驚，誤以為她早有安排，於是什麼也不敢拿，慌慌張張地逃之夭夭。

對大多數人來說，想要強力克制自己處於興奮、衝動、極度緊張時的言行舉止，實在是一件很不容易的事，但這種功夫往往能使對手極度不安。

日本幕府時代末，江戶重臣勝海舟之所以能安然容於亂世，據說也是仰賴對此種心理要訣的運用。

有一則關於他的故事，日本人無不耳熟能詳。

一天，勝海舟在京都四條通散步，未料有一位蒙面刺客在蔭蔽處鵠候多時，一見勝海舟走近，立刻跳出來，用手槍指著他的胸口。

因力主開拓疆土，勝海舟在當時樹立不少政敵，如果被這位蒙面刺客槍殺身亡，便無人率領船隊到美國，不但近代文明無從輸入，開國更是無望。

勝海舟很快反應過來，隨即了解這是怎麼回事，不慌不忙、滿不在乎地說：「別害怕，喏！瞄準這兒。開槍吧！老兄，請！」

勝海舟一面說著，還一面猛拍自己的胸脯。刺客看他愈走愈近，竟然嚇得立刻丟下了槍，轉身就跑。

實際上，任何人碰到上述情況，很難不恐懼。遇到刺客的勝海舟當然不是不害怕，但他控制得了自己的情緒，這就是高明的地方。

在極端盛怒、不可理喻的時候，加以讚揚；在不可一世、趾高氣昂時，澆下一盆冷水，這比責罵更能夠使對方深感意外，而收到良好效果。

這種技巧一向為領導階層慣用，但即使是日常人際相處，也不妨找機會試試看，相信同樣能收得意想不到的妙效。

批評人格最是要不得

說話技巧好的人，必定懂得察言觀色，當對方勃然動怒時，能夠為自己找個台階下，化解緊張的火爆氣氛。

美國群衆心理學家巴克博士．在所著《內在的敵人》一書裡，曾探討過夫妻爭吵的原因。他以兩百五十對夫婦作抽樣調查樣本，研究爭吵時所用詞彙，發現其中最容易激怒對方的戰略，莫過於分析並侮辱對方的人格。

以下是巴克博士所舉的實例：

妻子：「我知道，你又在開玩笑了！」

丈夫：「絕不是開玩笑，我最了解我自己。」

妻子：「我才不相信，我最了解你，看來人模人樣，實際上真不是東西。」

這段對話針鋒相對，充滿火藥味。

這位太太如果眞說中了對方的瘡疤，她的丈夫必定暴跳如雷，因爲「眞不是東西」的辱罵，天下沒有幾個人能忍受得了。

凡具有破壞性的口角戰略，通常會遵循下列程序進行：

一、限制對方的性格。

二、互相批評對方的人格。

三、相互的人格破壞，而將對方擬物化。

當然，這原則不只限於夫妻吵架，擴大到其他較長時間接觸的人與人之間，也常常發生。

大企業的管理人員都會記得時時提醒自己，避免說出「你的特性是……」、「你天生就……」這類話，以免引起部下的反感。

人性的缺點之一，就是深信「江山易改，本性難移」，因此總是善於原諒自己，惡於寬恕他人。

這種情況下，一旦被人掀開底牌，受到刺激，那股創痛，豈能忍受得了？

世界各地殺人案件都有逐漸增加的趨勢，尤其在美國的大都市如紐約、舊金山等地，更是駭人聽聞。以紐約爲例，曾經在短短六個月之內，發生了一千三百四十六宗謀殺案。

心理學家分析，這些不幸事件之所以發生，多數都是由於被害者使用了惡毒的話語，成爲悲劇發生的導火線。

例如，有被害人用最刻薄的方式對加害人說：「你這個沒出息的東西，一個大男人竟然連老婆也養不活，還欠下一屁股債！」

這句話非常嚴重地傷害了這名加害人的自尊，因而從一開始的憤怒、不安，逐漸轉變爲緊張、激動，最後瘋狂地舉刀殺人，符合心理學上「心理慘遭挫敗，導致行動發洩」的理論。

當自尊遭到無情傷害，如果不能以較緩和的行動排除蓄積在胸中的忿怒，心理上的強力挫敗將可能轉爲一股強勁的憤怒，導致喪失理智，做出傻事。

遇到這種狀況，應設法疏導，化乖戾爲祥和，避災禍求平安。

說話技巧好的人，必定懂得察言觀色，當對方勃然動怒、怒火中燒時，爲自己找個台階下，化解緊張的火爆氣氛，不讓彼此的關係繼續惡化下去。

和性格敏感的女孩子講話，更應格外地愼選措詞、用語。女性大都非常不能忍受傷害自尊心的話語，若對方眞的長得不好看，「妳長得蠻漂亮」這種近於諷刺外貌的話便絕對不能說，要避免談及美或不美的問題。

如果眞的沒辦法閃避類似話題，不如單刀直入：「妳雖然長得並不漂亮，可是相當迷人，妳的談吐、妳的舉止，在在都令我著迷。」

說話的時候，要注意避免觸及可能傷害他人自尊的敏感話題，萬一不小心點到，則要儘快設法緩和氣氛，如此才能讓社交場合的氣氛更加圓融美好，人際關係更爲和諧。

為人文雅，偶爾也可以說粗話

以粗話發洩心中「罪惡感情」，能夠有效降低心理上的負荷，排除鬱悶，使犯罪行為減低。

一般人都有一種想法，就是不可說粗話。

但這種想法眞是「完全正確」的嗎？

其實，並不一定如此。

和別人說話往往是爲了達成某些目的，粗話也是語言的一種，只要謹愼運用，也能發揮意想不到的功用。唯有細心研讀並靈活應用語言的魅力，具備良好的說話能力，才能增強自己的競爭力。

法國知名小說家佐拉，在名作《酒店》中，有一段描寫兩名巴黎洗衣婦吵得面紅耳赤的場面：

「到那邊去！騷貨，別在這裡坐冷板凳了！」

「臭三八！妳還算是人嗎？撒泡尿自己照照吧！」

「妳這渾身騷味的狐狸精！下三濫！」

「說我？妳還是趕緊洗洗臉、刷刷牙，今晚到貝姆街街角去拉客吧！」

無論是誰，在爭論中聽見類似的言語，相信必會忍無可忍。

有時候，當你承受難以忍受的汙辱，或是內心感到分外壓抑時，不妨破例罵個一兩句粗話。

低水準的咒罵往往是戰勝對手的絕技，但必須謹慎使用。

在氣頭上說出來的難聽話，覆水難收，很難再和對方復交，因此，除非一開始就抱定未來將互不往來的念頭，否則不應輕易使用。

當然，無論從任何方面來說，使用此法確實應仔細衡量狀況，尤其必須避免觸及以下三點：

一、生理上缺點：胖、矮、瘸、聾、醜等。

二、身份上的卑賤：乞丐、私生子、拖油瓶、妓女等。

三、能力上的低差：白癡、性冷感、呆子、騙子等。

任何人或多或少都有自卑感，你所講的話離自卑感的核心越遠，就越不容易挑起怒火，反之，則越容易成爲點燃爭吵的導火線。

一旦觸碰到上述三點任何一方面，理智的判斷會立刻消失，代之而起的是一種動物性的原始防衛本能。

有人說，絕對不可傷了別人的自尊心，就是這個道理。

罵一句粗話，確實可以幫助發洩心中的諸多不滿，疏解鬱積的情緒。

我們當然不鼓勵說粗話，但是在必要時，仍可權衡輕重，適時使用。

不堪入耳的粗話諸如「三字經」等等，文雅守禮的人，於正常的人際關係當中，最忌使用，體面的紳士淑女們更不好意思說出口。

但是在美國紐澤西洲的監獄裡，不但不禁止，反而率先倡導使用。

原來，凡是送到這所監獄裡的犯人，幾乎清一色爲犯下性侵害案件的犯人，不然就是性變態者。

普廉達加斯特博士是專辦當地性犯罪案件的檢察官，竭力提倡以罵髒話爲發洩方式的「精神矯正法」。

他的理由是：

「如此發洩情緒，將能夠使性犯罪率降低，夫妻之間發生爭吵，以及人與人之間有任何糾葛，也同樣適用。」

「這裡收容的強姦犯，男犯者們大都有毆打妻子的前科，或是有性虐待記錄，女犯人們則有暴露狂、淫虐狂。他們的感情經常受到壓抑，如不予以適當的疏導宣洩，一旦爆發，難免犯下更嚴重的過錯。」

以粗話發洩鬱積在心中「罪惡感情」，能夠有效降低犯人心理上的負荷，透過這種另類的「淨化作用」，使曾在該監獄服刑的罪犯，「回獄」的比率降至百分之〇．七%。

這個方法也確實適用於一般人，當心中存有不滿和隔閡時，可以到人跡不至的地方，大罵幾句粗話，作爲犯罪行爲的代替，以排除心胸的鬱悶，並有效降低肇事可能性。

這也難怪曾有人如此主張，解決夫妻爭吵的好方法，是乾乾脆脆、痛痛快快地大吵一番，這完全符合上述的道理。

當然，夫妻爭吵時不需要使用粗話，但是爲了在爭吵時徹底消除彼此心中的不快，不妨彼此罵些壞話。

徹底將怒氣發洩出來之後，往往不一會兒就能完全平靜下來。

只要牢記一個原則——不要傷了對方的自尊，不撕破臉，如此多半能收到排解負面情緒的效果。

我們絕不「鼓勵」罵髒話，但在發洩情緒的前提下，這的確是一種可以有效達到目的的方法，可斟酌採用。

引人發笑，迴響會更好

如果能巧妙運用幽默感與優越感這兩項原則，那麼即使講的是刻板嚴肅的事情，也會引人注意、妙趣橫生、讓人發笑。

日本藝人千里昌夫先生，曾享譽日本歌壇，以一曲〈星光華爾滋〉轟動一時。他是日本岩手縣人，每次出現在電視螢光幕前，節目主持人總是這樣介紹：「歡迎我們的岩手之星！」

主持人話聲甫落，台上台下以及螢光幕前，必然會響起一片哄然大笑。

這句話能逗得觀衆大笑，是因爲「岩手」以落後、地廣聞名全日本，總是給人一種土氣鄉巴佬的印象，「岩手之星」的「星」自然非常不符合岩手縣給人的形象。鄉巴佬和大明星，怎麼看都像是八竿子打不著的兩樣事物。

正因將兩種差別甚遠、性質迥異的詞彙結合在一起，幽默感於焉產生，自然引人發笑了。

與人交談時，如果能夠把握這個原則，幽默感必會源源不絕。

自古以來，許多專家學者發表過各種研究報告，其中都有一個共通點——笑，在任何場合都可以製造歡樂愉快的氣氛。

這就表示，讓人產生優越感，自然而然地，他便會發笑。優越感所在之處，笑聲必常相左右。

有很多例子可以證實這個原則，以下便是其中之一：

前日本首相池田勇人精於數字，但拙於外交。

有一次，在國會諮詢會議上把「禮節」（Etiquette）這個外來語說錯了，議員們大笑著問他是否知道出了什麼錯，他立刻答道：「喔！我不會說法語，所以我並不知道這個字的正確發音。」

這麼一答，議事場裡更是哄堂大笑了。

一次無傷大雅的幽默，在內閣政府陷入窘境的時刻，無形地替他化解了當時的緊張氣氛。

Etiquette這個字，英、法文中都有，池田首相是不是故意說錯，我們不敢妄自斷言，但是在別人聽來，心裡必定會下意識地萌生了「至少我沒有他這麼笨」的優越感，於是乎，大家都開心地笑了。

全體議員就這麼放了池田首相一馬，可謂是因禍得福。

池田以「顛倒立場」來製造優越感，由首相之尊的優勢地位，主動降至劣勢。用這種方法，更能增添逗人發笑的雙倍幽默效果。

擅於逗別人發笑者，一定都能了解這一點，並經常使用這種「給人優越感」的說話法則緩和氣氛，爭取支持。

小丑、相聲、喜劇演員等以逗人發笑爲業的人，在表演時都能秉持這個原則，連續不斷地製造笑料，讓觀衆樂不可支。他們的手段、方法，不外乎使觀眾們產生一種錯覺，以爲這些表演者「絕不會這樣輕浮、瘋狂、沒有修養」，但是，他們的演出居然眞是這樣，如此突然，卻又如此自然！

巧妙運用幽默感與優越感這兩項原則，那麼即使講的是刻板嚴肅的事情，也會引人注意、妙趣橫生、讓人發笑。

親身實踐體驗，你必定同意：引人發笑，迴響會更好。

專注傾聽，對話更具意義

真正的對話應該是雙方都認真傾聽，這不只是彼此之間精神上的交流，更象徵了心有靈犀一點通。

凡是能言善道的人，必定也是最會聽話的人，不僅懂得專心聽對方講話，也會專心聽自己講話。

「我之所以能夠成功，在於我隨時注意聽自己講的話。」日本蜜絲佛陀公司舉辦的化妝品推銷員講習會上，一位成功的女推銷員說出以上開場白，立刻引起與會人士的注意。

這位臉蛋姣好，身段修長，看來不到三十歲的女士接著說：「如果妳要向顧客推銷口紅，可以對她說：『將這支口紅塗在乾燥的嘴唇上，就會立刻變得潤滑有光澤。』必且把『口紅』、『乾燥的嘴唇』、『潤滑』、『光澤』等詞彙連起來講，效果最好。」

這位一流推銷員確實懂得如何說話，但她更懂得「聽」的藝術。自己講，自己聽，藉由說話的姿態和表情，以及「我們」這個詞的巧妙使用，成功地將顧客和她自己拉進了口紅的美感裡，凝聚共識。

哲學家瑪普巴說：「人與人相處，必須先誠心相待，才能夠發現自我。」密西根大學加普蘭教授進一步闡揚了這句話的意思：「人與人之間，談話的缺失、弊端，並不一定來自技巧的愚劣，而是由於彼此都急於表達自己的意思，因此缺乏耐心傾聽。」

這段話，實在是一針見血的高論。

在日常生活中，當我們遇到高談闊論、喋喋不休的對象時，往往不僅不注意聽對方說話，甚至還急著尋找讓自己說話的機會，好發表宏論。到最後，對方的話一句也沒聽進去。

當你在高談闊論時，別以爲別人的回應是一種贊同，說不定那只是告誡你：「現在聽你的，等一下可要聽我的了。」

眞正有效的對話，應該是雙方都很認眞傾聽，無論由哪一方說話，不僅對方注意在聽，自己也注意在聽，這不只是彼此之間精神上的交流，更是「心有靈犀一點通」的象徵。

如此，才能夠讓對話更有效果，自己的談話技巧也能夠在傾聽的過程中逐漸進步，懂得把話說得更好。

適度的讚美讓言語更美

給予適度的讚美，接受者會因此流露出喜悅的情緒，這就是「奉承」發生了效用。

稱讚往往令人產生情不自禁的喜悅，並且逐漸增長，覺得難以克制。想要拉攏感情，就必須要學會善用人際關係的潤滑劑——讚美，這是各行各業成功者不可或缺的本事。

我們都知道人是感情的動物，然而，所謂的「感情」究竟是什麼？喜悅、悲傷、憤怒、憎惡……等等，當然都隸屬於感情的範疇，但是若要更詳細地區分，那些經由喜悅、悲傷、憤怒、憎惡等情緒影響所表現出來的態度，才是眞正的感情。

聽人傾訴，不知不覺地灑下同情之淚；讀一段新聞而感到義憤塡膺；聽一段演講，跟著它的內容而喜、怒、哀、樂；欣賞一段電影而開心大笑，這些因心理感應所產生出來的反應因人而異、因地而異，正是感情。

大體說來，所聞、所聽、所見，能使人動心，動情，感之於內、發之於外，便是「感情」。「感情」一字的英文，追溯語源，是「感觸」的意思。

迄至今日，已有許多位心理學家提出對「感觸心理」各不相同的看法和主張。但是，感情相當複雜，感觸的表現更是千頭萬緒，所以任誰都不能妄加推斷，遽下具體定義。

謝拉博士曾試著把感情分爲支配肉體條件的反應、本能表現，以及受到自我價值行動驅使的精神表現，並進一步分成四個層次以分析：

第一層：由於肉體的刺激引起本能反應，包括苦痛、快感等。

第二層：整個肉體感覺到的感情，包括緊張感、疲倦感、滿足感等。

第三層：一般所稱的感情，如喜、怒、哀、樂等。

第四層：心靈上的感受，如宗教性、家族性的喜悅和平等。

由這四層次看來，我們的感情經常受到當下身處的狀況所左右、支配，尤其是第二層、第三層所指的感情，更容易受到激動。只要一句話、一小段文字，就能使人充滿喜悅、不安，或是亢奮。

給予適度的讚美，恰如其分的誇獎，接受者會因此流露出喜悅的情緒，這就是自我意識所引起的現象，也就是「奉承」發生了效用。

自我意識強、警覺性高的人，即使老於世故，也經常難以抗拒虛偽的奉承。遇到這種人，不妨投其所好，對他們說幾句好聽的奉承話，讓對方逐步陶醉、忘我，放下戒心。

但同時也必須留意，奉承別人的時候得謹慎拿捏分寸，輕輕搔到癢處即可，如果過分，反而得不到預期的效果。

亂戴高帽子不是好事

不要一味地認為讚美是一種善舉，必須要學會使用適當的用語，才不會產生反效果，造成他人的負擔。

讚美別人，得先了解對方的心理狀態，並且熟悉對方的人格。因爲，人際關係往往只建立在人格的一部分，或是彼此可見的特徵之上，導致我們無法全盤了解對方的心理狀況、個性。即使親如夫妻，相互之間想要達到百分之百的了解，也是不可能的事情。

正是由於這個緣故，越是受到別人過分的讚美，越會感到自己不被了解，甚至產生被他人捉弄的感覺，進而導致不愉快的感受。

一九六三年，蘇聯領導人赫魯雪夫大力推崇美國詩人羅伯特·佛洛斯特，讓佛洛斯特深感不安。

接受了過多的讚揚，今後理所當然只有更加傑出才能與目前的身份匹配，可萬一失敗了，或者喪失作詩的靈感，又該怎麼辦？於是，佛洛斯特憂心忡忡，惶惶不可終日，越來越感到恐懼不安。

赫魯雪夫到底對佛洛斯特戴了哪幾頂高帽子，詳情我們並不清楚，但是，在日常生活當中，你我應該都曾有過類似的經驗。

若被人大力稱讚：「你太好了，太寬大了，太仁慈了，一點也不會生氣！」受到如此過分誇獎，心裡會有什麼感覺？

最初，你可能覺得有點飄飄然，但隔不了多久便會越想越不對勁，簡直有被揶揄、想要立刻予以否定的衝動。

心理學家吉諾特說，一個小孩子被大人過分地誇獎，反而會表現出淘氣調皮的行爲，藉以自嘲並表示反抗。

事實上，大人也會如此。

一名字寫得很漂亮的新進員工，在開會時受到上司當面誇獎：「啊！字寫得不錯喔！漂亮極了！那以後要好好幹呀！」

如此讚美，反而使得這位年輕人產生相當不自在的感覺。

誇他字寫得好，這是客觀的事實，但在最後加上一句「好好幹呀」，等同於以主觀事實武斷地影響對方的心理狀態，當然會使人忐忑不安，心裡不得不承受一副重擔，極有可能在下意識中產生抵抗的態度，造成反效果，反而使得表現大不如前，明顯退步。

承受別人的過度讚美，就好像對方正在肆意地在評價自己，當然會催化出不愉快的感覺。不要一味地認爲讚美是一種善舉，必須要學會使用適當的用語，才不會產生反效果，造成他人的負擔。

三思後言才能減少誤會

人們有時候會在無心之下說出傷害對方的話，因此衍生種種誤會。想要有效防止，最好的方法就是留意自己即將說出口的話。

說話就像一把雙面刃，說得好，事情可以圓滿順利；說得不好，則可能激發對方的逆反心理，讓事情變得更加棘手。

因此，你必須學會看穿人心的說話技巧，確實運用在每個溝通的場合，讓同事、上司、客戶或是交涉的對象都成為最好的助力，而非最大的阻力。

我們常因說錯一句話而使人發怒，於是只得急急忙忙地道歉，表示：「我收回前言！」「對不起對不起，我不是這個意思！」或是：「宰相肚裡能撐船，請你多多包涵！」

但是，傷害已經在他人的心中留下陰影。

與其事後道歉，何不事先謹慎思考？

以下，讓我們來看一個相當實際的例子：

家庭主婦最忙碌的時刻，莫過於早餐前的片刻。這時候得忙著打理早餐、忙著準備便當、忙著幫孩子們穿衣服，擔心孩子們的書包裡是否忘了帶什麼。不但如此，先生的襪子、襯衫也先要準備好，領帶還要配好顏色。

如果於此同時電話又響了起來，熟睡中嬰兒被驚醒，「哇哇」地大聲哭了起來，烤箱裡的麵包則傳出陣陣焦味……

面對一團混亂的場面，如果丈夫開口說話，可能會有三種情況：

A、「怎麼搞的！麵包又烤焦了？」

B、「眞糟糕，小傢伙醒了，今天早上夠妳忙的了。」

C、「烤焦的麵包也別有一番風味哪！」

美國心理學家吉特博士，曾針對這三種說法，對一群家庭主婦進行一場實驗。結果主婦們普遍對於A感到最爲憤怒，B稍不滿意，但可以一笑置之，認爲只有C才是人說的話，深得人心。

這個例子提醒我們：在開口前，爲什麼不想想該怎麼說話才不會影響對方的心情？何不多說點體貼的話呢？

傷人感情的話語，最易使人發怒，有時候，即便是出自善意的忠告或教訓，但若用辭不適當，仍會使人感到不滿，不僅發揮不了作用，反而造成傷害，挑起積壓在心中的怒火。

人有時候會在無心之下說出傷害對方的話，因此衍生種種誤會。想要有效防止，最好的方法，就是留意自己即將說出口的話。

「擴大自我」讚揚，效果成倍加強

當被別人褒獎的是連自己也沒有察覺到的長處時，「擴大自我」的滿足將更勝「確認自我」的喜悅。

日本知名文學家三島由紀夫，在《不道德教育講座》一書中，曾描述了這麼一個故事強化自己的論點：

凱末爾大將率軍征戰，每戰皆捷，凱旋回國時，民眾紛紛讚揚他：「了不起，您真是傑出的軍事家！」

類似的奉承話不絕於耳，一開始凱末爾覺得很得意，但聽多了就無動於衷，不再因此感到高興。

有一天，一位職卑位低的官員，看到凱末爾將軍的鬍鬚，輕輕地獻上一句：

「啊！將軍，您的鬍子好漂亮！」就憑著這句話，凱末爾頓時感到非常開心，立刻將這位奉承他的人擢升為幕僚。

「傑出的軍事家」，讚美的是凱末爾將軍自己也認同的長處，也就是所謂「確認自我」的讚美，因此受到讚美，會認爲那不過是種禮貌性的表面稱讚，聽久了也就不以爲樂了。

但當被別人褒獎的是連自己也沒有察覺到的長處，「擴大自我」的滿足將更勝「確認自我」的喜悅，非但更有影響力，而且歷久彌新。

一些剛剛出道的記者不了解這層心理，訪問某些專家、學者之後，常常妄自褒獎，斷下評語，結果適得其反，被專家們厭惡，等於將馬屁拍在馬腿上。

有一位神通廣大的攝影師，有本事讓任何一名女子在自己面前脫得精光，供他拍照，無論對方是熱情女郎，或是清純少女。

有一天，他終於說出了訣竅，原來他每次都不斷地讚美女子某個美麗的部位，不帶任何邪思遐想地說：「呀！妳的耳根好美、好性感！」「今天的彩妝和髮型搭配得宜，任何人都會爲妳心動的！」

大多數女性每天總要面對著鏡子不停地打扮，注意著外表上的各個小細節，因此，對於自己的胴體最清楚不過了。如果只是很普通地稱讚她臉蛋漂亮、美麗動人，不會有太大效果，倒不如讚美別人不曾讚美過的地方，最好是連她自己也很難想像到的。

像是「妳的耳根好美、好性感」，這就是被稱讚者始料未及的，所以當然樂陶陶且百依百順地寬衣解帶，供攝影師拍照。

這就是「自我擴大」的喜悅，比起「自我確認」要強烈、持久得多。想要把話說得更妙，便該善加利用，以求發揮功效。

PART 3

拋出肯定問題 讓對方傻傻同意

以絕對肯定性的方式作為話題的開頭，

讓對方在不知不覺中放鬆心情，

解除了心理的武裝。

坦承有助於驅除膽怯

立刻承認自身的膽怯，就能戰勝膽怯，於客觀立場評估自己、了解自己，同時儘快冷靜下來。

通常一般人在緊張的時候，會表現得相當反常，不僅無法將原本準備好的說辭完美地呈現出來，甚至連話都講不好。面對這種情形，該如何解決？

推銷人壽保險的業務員貝德加，曾創下美國保險業的最高紀錄。成名以後，他在回憶錄中寫下自己的一段經驗：

有一次，為了爭取一筆巨額保險契約，他必須登門拜訪當時的汽車大王費玆。經過好幾趟的奔波，總算爭取到寶貴的機會，依照約好的拜訪時間，他被秘書引進豪華的大辦公室，見到了費茲。

想不到此時，他竟然一反常態地怯場了，身體顫抖不已，牙齒上下打哆嗦，無法讓自己鎮靜下來。

費茲察覺不對勁，便親切地問他哪裡不舒服。貝德加只好鼓起勇氣說：「費茲先生，我……我因為一直想來拜見您，今天好不容易……了卻心願，但……卻沒想到，見到了您，想說的話……都……說不出來了。」

貝德加結結巴巴地，把這句話講完，但不可思議的事情發生了，他原本畏懼的心理、緊張的感覺竟然全都消失，費茲的形象越來越清楚，桌上的煙灰缸也不再是兩個重疊的輪廓。

他鎮定地落了座，滔滔不絕地道出事先便準備好的話，終於順利贏得那筆巨額的保險契約。

貝德加的經驗告訴我們：「感到膽怯時，自己立即承認。」

這正是戰勝膽怯的最佳原則。在回憶錄中，他另舉了一個實例，以證明「在膽怯時，自己立即承認」這個原則的妙處。

一九三九年春天，天才演員馬拉斯．葉曼受邀在紐約帝國大廈演說，他一上台便嚇了一跳，台下一片黑壓壓的人群，肅穆的氣氛，完全把他震懾住，原先準備好的開場白瞬間忘得乾乾淨淨。

可是，他畢竟是個好演員，一開頭就自然地說：「啊！天哪！讓我大吃一驚，真沒想到有這麼多大人物齊聚一堂，叫我說什麼好呢！」

說完這句話之後，他很快便鎮定了下來。

由於立刻承認自己的膽怯，所以馬上戰勝了心中的膽怯，原本準備好的講詞也就輕鬆、自然、流利地完成了。

貝德加提出的這個原則的確有道理，通常只要在意識裡承認自己的緊張，就能夠站在客觀立場評估自己、了解自己，同時儘快冷靜下來，進而放鬆心情。這不但是一種說話技巧，也是心理學的常識。

以「接納」將心防融化

因為自己表現出完全地接納，所以在無形當中，對方也會更容易接受你的意見和主張。

與人相處，難免會遇到有事求助於人，希望對方能夠同意、聽從、幫助自己的時候。怎麼做才能達到這個目的呢？

這是一門大學問，也是一場「讓對方聽話」的心理戰。

進行此類「心理戰」，一般可分爲理論方法、心理方法兩大途徑。

試圖據理力爭，以大道理說服別人，稱爲理論方法。理論方法通常難以使人心服口服，容易造成僵局。

心理方法則不同，常能收到意料不到的正面效果。

兩者相較，理論方法的成效普遍不及心理方法。

所謂心理方法，先決條件在於從談話一開始，自己就必須努力試著先同意對方的話，這在心理學上稱爲「接納」，是「讓別人聽話」的基本法則，在交談診療上使用得相當廣泛。

也就是說，即便對方的談話內容、主張、態度、情感、信念毫無可取之處，甚至不合邏輯、不合道德、違背情理，你也必須照單全收。

若眞能夠做到這一步，自然可使對方全然安心，轉而對你產生敬意，進而增進彼此之間的友誼。正因爲自己表現出完全地接納，所以在無形當中，對方也會更容易接受你的意見和主張。

「接納」法則的應用，不僅侷限於心理診療而已，在其他場合也能派上用場，例如身爲推銷員、店員，將此法則用在那些固執己見，具有極端優越感的客人身上，最能達到效果。

《推銷指南》一書中有「應對的技巧」這一章，專門教導推銷員做生意的方法。書上說：「必須把『您說得對』、『正如您所說』、『您的意思是』等作為開頭語，讓顧客們聽得心花怒放。」

這段文字，清楚彰顯了採「接納」態度說話的妙處。

美國心理學家耶庫曼博士，曾做過一項改變學生意見的實驗。他反覆地對反對廢止死刑制度的學生們說：「是如此嗎？好吧！」最後，學生們居然全都改變了自己的初衷，同意他的看法。

由上述例子看來，與人意見相左時，不妨試著先「接納」別人，慢慢地，別人也就會「接納」我們。

喚起同理心，說服最有力

說服別人之前，要先讓他進入相同的情境當中，對問題感到關切，產生切身之痛。

古羅馬思想家馬可．奧勒留曾說：「很多時候，只懂說話藝術的人，不見得比能看穿人心的人更具說服能力，更受到對方青睞。」

想要進行有效的交談，就必須先洞悉對方心裡正在想什麼，然後順著對方的心理說出最精確的話語。能不能看穿對方的心思，往往就是交涉溝通能否順利成功的最重要關鍵。

「如果你是我，你會怎麼做？」

採用這種說法，正是說服技術的第一步。

這是一種利用「角色扮演」方式，讓對方產生互換地位、模擬立場感覺的技巧，藉此提高達到說服目的的可能性。

美國著名的人際關係專家吉普遜先生，有位好友官拜陸軍上將，他認爲這位好友之所以能有此成就，完全得力於具備超人一等的說服技巧。

「我的朋友從小就憧憬軍旅生涯，希望能成為一代名將。高中畢業後，適逢一九二九年美國經濟大恐慌，人人被生活逼得走投無路，有志青年都一窩蜂地擠入免學費的西點軍校，有辦法的人，到處託人關說，把有限的名額全佔據了。我的朋友是個毫無背景的升斗小民，一點辦法也沒有，於是他四處打躬作揖，鼓起勇氣拜訪幾名地方上有頭有臉的人物。」

「他對他們這麼說：『先生，我是個優秀的青年，身體強健，有愛國情操，滿心想進入西點軍校報效國家，可是卻毫無辦法。如果您的子弟和我有相同的處境，請問你會怎麼辦呢？』」

「出人意料之外，這些有頭有臉的人物，經他這麼一說，十之八九都熱心地幫忙寫了推薦書，有的人更積極為他奔走，拜託國會議員，終於突破層層難關，讓他成為西點軍校的學生。」

人對於自己的事，總是懷著極大的興趣和關注力。這位年輕人若不以「如果您的子弟和我有相同的處境」作爲攻心戰術，這些地方上的有力人士，會願意幫他寫推薦書嗎？

非但不會，恐怕還會嗤之以鼻，不屑一顧吧！

正是憑藉著喚起「同理心」，這名青年爲自己爭取到難得的機會。

說服別人之前，要先讓他進入與自己相同的情境當中，從而對問題感到關切，產生切身之痛。在回答「如果你是我……」的問題時，人通常都會不自覺地把自己投影在該問題的中心，因此，答案自然會爲我們提供一個比較客觀的解決方法，這是最起碼的收穫。

請聽下面三句話，那一句較易爲你接受？

一、快去做功課！

二、你該去做習題了！

三、來，我們去做習題吧！

一般人往往最喜歡第三句的語氣，認爲第一句是最討人厭的說法。道理何在？正因爲斥責性太強，命令味太重。

第二種是禮貌性的說法，唯有第三種眞正做到「拿人心比己心」，使人備感親切，進而產生附和、贊成的認同感。這種語氣，能成功使說與聽兩者牢牢結爲一體，減少反抗的意識，縮短自己與對方的距離。

事實上，下達命令的老師、父母親，仍然是局外人，功課仍然必須由你自己完成，但是表現出來的態度和氣氛，卻不會令對方有置身在局外的感覺，自然而然能將抗拒心理降到最低。

以這種語氣對人說話，具有很強的說服性，能收到相當好的效果。

拋出肯定問題讓對方傻傻同意

以絕對肯定性的方式作為話題的開頭，可讓對方在不知不覺中放鬆心情，解除了心理的武裝。

戴爾．卡內基曾說：「如果你想要別人接受他們不想接受的要求，只需將這些要求包裝在他們喜歡聽的話語之中。」

確實如此，不論溝通、談判或是推銷自己的想法，想要順利達成目的，就必須先看穿對方潛藏的心思，然後用對方最喜歡聽的話語，巧妙地傳達自己的意思。如果你能在言談間看穿對方正在想什麼，便可以透過洗腦的說話方式，牽引對方往自己設定的方向走。

美國催眠師米爾頓·亞米遜在爲人催眠之前，一定事先準備幾個對方肯定會回答「是」的問題。

這是爲什麼呢？他解釋：「這些百分之百為肯定答案的問題，正是引導對方進入催眠狀態的最佳妙方。」

美國產業保險公司總經理希巴也經常使用這種方法，使人高高興興地在不知不覺中答應他提出的種種要求。

例如，希巴要調整一名員工的工作，雖然只要下一道命令就可以行得通，但他認爲，如果能夠使對方心悅誠服地首肯，效果更好。

於是，他會使出慣用的說話方式以達到目的：

「今天的天氣蠻不錯的！」

「是的。」

「春天好像快到了。」

「真是如此。」

「尊夫人和孩子們都好吧?」

「很好,托您的福。」

「你今年滿三十五歲了嗎?」

「是的,正好三十五歲。」

「你在公司裡做事,已經有十三年了吧?」

以這種似寒暄又具絕對肯定性的方式作為話題的開頭,可讓對方在不知不覺中放鬆心情,解除心理武裝,習慣於回答:「是!是!」

這時候,重要的話題才被提出來:「你會同意調職吧?」

「啊!當然,我願意,一切沒問題。」

就這樣,希巴輕鬆地解決了調職問題。

這是把人引入催眠狀態的心理戰略,必須先提出一連串讓對方回答「是的」的問題,逐步拉近距離、卸下心防,最後才提出最重要的核心問題,以求一語中的,輕易得到同意。

為對手設想是爭取同意的妙方

有事向人請託，應該由小到大、由微至著、由淺及深、由輕加重。如果一開始就貿然提出重大請求，對方一定會斷然拒絕。

說話、做事若能發揮將心比心精神，成效更大。

有家電視台想要針對某幼稚園進行特別報導，節目製作人特地請來一位心理學家介紹，負責居中聯絡撮合。於是，這位心理學家前往那所幼稚園，懇切地向園長說明來意，沒想到卻被園方以一些冠冕堂皇的理由回絕了。

心理學家鎩羽而歸，回家之後仔細思考了自己被回絕的理由，發現完全都是不成問題的問題，對方只是故意在雞蛋裡挑骨頭。

一個人嘴上若常常掛著「不」，「不」字就成了口頭禪，但那並不是心裡真正感情的直接表示，而是當事人藉著各種牽強附會的理由拒絕，將自己真正的想法隱藏起來。

這位心理學家考慮再三，設法尋思對方拒絕自己的真正理由，試著以「換位」的方式，使自身站在對方的立場思考：「我」該在怎樣的情況下，才能說服園方接受這個請求呢？

第二天，他再度登門拜訪，開門見山地把擬定的計劃全盤托出：

第一、電視台將無條件奉送一套拍攝完成的錄影帶。

第二、如果十六厘米不適用，那麼將會再製作一套八厘米的奉送。

第三、拍攝期間，如果工作人員不能和孩子們和睦相處，將自動取消要求，不造成園方任何困擾。

這樣一來，負責人果然欣然同意。拍攝工作完成了之後，電視台依約製作一套錄影帶給幼稚園，雙方合作愉快。

從以上事例可以知道，只要設身處地爲對方著想，就能輕易地達成自己的目的，這才是穩操勝券的最佳妙方。

切忌動輒搬出一大堆似是而非的理由，試圖反駁，因爲那等同於目中無人，輕視對方，只會造成更大的反感和衝突，根本沒有任何實質助益，想要達到目的更是加難上加難了。

想要請人幫忙，除了要儘量爲對方設想，還要注意一點，千萬不要一開始就提出令人難以接受的要求，應該要從小事情開始，逐漸加重程度，逐步達到自己原本期望的目標。

美國史丹佛大學兩位社會心理學家佛利特曼和佛利哲教授，曾以史丹佛大學附近一位名為巴特的家庭主婦為對象，進行一項有趣的實驗。

首先，他們打了個電話給她：「這裡是加利福尼亞消費者聯誼會，為了具體瞭解消費實況，想徵詢幾個關於府上家庭用品選擇的問題。」

「好的，請問吧！」

受訪的家庭主婦同意之後，他們便提出了幾個簡單的問題，例如府上使用哪種肥皂……等。

隨後，校區附近的家庭主婦們也都陸陸續續接到了同樣的電話。

幾天後，他們又打了一通電話給這些受訪者，表示：「真對不起，打擾您了，現在為了擴大調查內容，近幾天內將有五六位調查員到府上打擾，希望您多多支持這件事。」

這件事實在不太禮貌，卻也被同意了，為什麼呢？

只因為第一通電話做好了鋪路的工作。可以想見，如果他們沒有先打第一通電話，就直接提出第二通電話的要求，必定會遭到拒絕。

根據實驗統計，前一種狀況下，答應他們的主婦佔五十二．八％，後一種只有二十二．二％。

據此可知，有事向人請託，應該由小到大、由微至著、由淺及深、由輕加重。如果一開始就貿然提出重大請求，對方一定會斷然拒絕。

他們又從另一個實驗中，證明了這種「請託」方法的正確性。

有一年，加州州長大選時期，他們製作了各式各樣的助選標語，然後要求選民們樹立在院子前。第一組人先提出樹立小型標語的要求，過了一段日子，再表示希望改為樹立大型標語，有的甚至大到把整棟房子都遮蔽了。另一組人則正好相反，在一開始就要求民眾樹立大型標語。

結果，第二組的贊成比率只有十七％，第一組卻有高達七十六％的贊成率。

這個實驗說明，將心比心、循序漸近，就是讓對方答應要求的最好方式，也是說話辦事之時必須具備的技巧。

順水推舟，紓解憤怒與憂愁

不論正處於情緒激動還是苦悶憂愁，採用順水推舟，多能夠有效讓對方的情緒平復下來。

無端受到上司責罵的職員、沒來由被丈夫斥責的妻子，以及受了萬般委屈的子女，常會以辭職、離婚、離家出走等方式來面對問題。

事實上，這些衝突都不是什麼大不了的事，往往只是一時的氣憤、衝動，如果有人能夠適時予以開導，心裡積有鬱悶的人，多能化戾氣爲祥和，讓激動的情緒逐漸恢復平靜。

舉例來說，一個年輕人剛剛受到老闆的責備，正在氣忿填膺的當頭，此時絕對不可以勸他：「別生氣了，既然是誤會，改天再解釋就好了。」

與其好言相勸，倒不如火上加油：「這傢伙怎麼這麼過分，你應該用力拍他的桌子，頂多是不幹了！」

聽了這番話，他會有什麼反應？多半會跟著說：「對對對，你說得對！我當然要辭職！」但等他說完了慷慨激昂的話以後，便雷聲大雨點小，不了了之，甚至感到後悔不迭。

相較之下，如果在一開始就採取勸服安慰方式，對方還在氣頭上，必定會說：「我一定要跟他鬥到底！」

這樣一來，情況更加僵持不下，不僅平息不了他的怒火，更會耗費許多不必要的精力和時間。

將同樣策略用在心情苦悶的人身上，也能收到不錯的效果。

美國愛荷華州的某座城市的市政府，有一項極具人情味的服務——開放二十四小時的電話交談。

許多人樂於使用這項服務，藉以訴苦或是大罵，當然，大部份是孤單、寂寞的老人，他們往往在電話接通之後，便跟接聽的服務員像老朋友一樣毫不拘束、毫無矜持地暢談起來。

在這中心接聽電話的專家們公認，最得人心，最使老人們開心忘我的開場白，就是：「今晚我也和你一樣感到孤獨、淒涼、寂寞……」

這句話能有效產生共鳴作用，和對方的感情融合爲一，令對方感到心安，原來世界上寂寞的人並非只有自己一個。

別以爲這句話只是公式，事實上，這是將老人們從苦惱中解救出來的最佳妙方。就憑這句話，電話交談服務每年不知道造福、拯救了多少人。

不論正處於情緒激動還是苦悶憂愁，只要順著情緒走，採用順水推舟的語言安撫，多能夠有效讓對方的情緒得到平復。

破壞談話調和，讓對方束手無策

如果想要疏遠某個人，不妨斷章取義他的談話內容並立刻反問，破壞內涵、申訴、表現三種機能之間的調和，讓對方無法繼續。

二次大戰期間，學者慕拉被德國納粹黨徒追殺，逃亡到美國，在南加州大學從事語言心理學研究。

一段時間以後，他提出自己的見解：「在情感交流的談話中，話題的內容必須和行動、題旨相互配合。」

他把語言機能分為內涵、申訴、表現三大類，如果三者無法調和，或某類較強烈，情感交流往往有被破壞的可能。

下面就是一則最佳的實證：

美國無線電公司（簡稱RCA）在仍然屬中小型企業的時代，有一次，派了一位採購代表到巴卜特公司，商討收音機內部零件採購。

經過數次詳談，雙方同意了一切條件之後，終於準備簽訂合約，沒想到這位採購代表卻用輕浮態度說了一句話：「好吧！請在一個星期內把品質保證書和履約保證金送來。」

巴卜特公司代表一聽，立刻針鋒相對：「所謂保證金，只是為確保如期交貨不得延誤吧！本公司一向信譽卓著，至於品質更是無須疑慮，根本不需要什麼保證金，您儘管放心！」

RCA的代表大吃一驚，只好勉強答應下來，後來才知道，巴卜特公司一向以頑固、倔強、自信著稱。

採購代表在與巴卜特的商談過程中，特別強調必須要繳交保證金，觸犯對方的大忌，結果反而碰了一鼻子灰，使得雙方都不愉快。

這種策略，也可以運用到日常生活的對話裡，衍生爲兩種手法：一種是毫不留情地指出某句話的意義；第二種是提出另一種意義，但包含明顯的惡意，以求讓對方感到吃驚，甚至狼狽。

沒有共識的談話，任誰也無法繼續。

如果想要疏遠某個人，不妨無視於他的談話內容，斷章取義並立刻反問他，破壞內涵、申訴、表現三種機能之間的調和，讓對方無法繼續。

既然談話無法和諧進行，那當然只好說「再見」。

別一開口就想說服別人

在野身分或是處於逆境中的人，大多具有不安定感，總認為若是不能提出更多的辯解與主張，所處的環境會更加不利。

許多政治人物都喜歡用「……的話」做爲講話的停頓處，特別在言詞過於激烈時，這種語法出現的次數更多。

其實在「……的話」之前，必須表達的意思都已經表達了，大可不必再加上「的話」二字，這時使用「的話」，用意在強調言論的內容。

通常在「的話」之後，應該接著「那麼就會……」或者是「我認爲……」這樣的言詞，可是這些話大多被說話者忽略，而以「……的話」代替之，藉此強調自己對講話內容的堅定意志與主張。

喜歡使用這種「……的話」說詞的人，會令周圍的人感受到一種鬥志，所以政治家在闡述自己的政治理想時，或是公司老闆對自己的職員講述個人抱負時，往往會在不知不覺中使用這種口氣。

如果僅是閒聊日常瑣事，實在不需要使用這種充滿鬥志的說法。

由此可見，「……的話」的說詞，乃是一種僅適用於演說場面的說法，要是在日常生活中也經常使用，則容易製造「說服者」與「被說服者」的對立立場，而使彼此的談話失去平衡，缺乏和諧性。

這種類型的人大多是認真而純潔，不喜歡拐彎抹角的人，但也因此缺乏圓融與幽默感，說起話來常常是開門見山，沒有一點緩衝餘地。

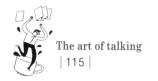

他們不僅說話如此，即使處理日常生活瑣事，也毫無商量餘地，因此容易造成格格不入的人際關係。

一般而言，常使用這種說詞的人缺乏所謂的寬大胸懷與恢宏氣度。他們有拘泥眼前小事的習慣，遇到疑難時，不論大小，總是追根究柢，不肯罷手。

因此，這類的人大都無法把眼前的事暫時放下，而去處理其他的事情，即使在迫切需要時。

前述類型的人亦可稱之爲逆境型。他們大都是個少數派的領袖，或屬於在野陣營，因此讓他們養成具有勇於面對現實的氣魄，遇到發表言論的機會絕不輕易放過，並立刻提出自己的意見，企圖說服別人。

在野身分或是處於逆境中的人，大多具有不安定感，總認爲若是不能提出更多的辯解與主張，所處的環境會更加不利，所以他們喜歡利用前述的說法，以強調要點的方式，積極地遊說他人。

具有控制慾的人，無法令人信任

具有控制欲的人，遲早會使周圍的人對他敬而遠之，因為與他交談時必須要有耐心，而且心情經常都處在緊張狀態。

有些人在說話時，會不停地加入「然而」、「但是」……這種連接詞，即使是闡述簡單的意思，也會變得非常繁雜，而無法指出清楚的結論。

有這種習慣，往往在為時不過四、五分鐘的談話中，重複講五、六次「然而」、「但是」……

我們實在不容易聽出他們話中的重點究竟是什麼？結論又是什麼？眞正的意義又在哪裡？說話者不斷重複地以「然而」「然而」銜接話語，否定前面的話，所以使聽者感到厭倦。

但是，這種「然而論法」卻有個優點，說話者可以遵循一定的軌跡，詳細說明自己的見解。因此，會利用這種方法展開言論的人，反應出他們愼重性格的一面。

不過，從另一方面來看，他們的確未掌握說話重點，讓他的思想看起來似乎未曾經過組織。

如果他們的想法完整而有系統，應該可以表達得更明白清楚。

比如先提出總結，再按部就班根據要點一一說明，如此才能使聽者產生深刻印象，並認爲說話者的思考清晰而有條理。

不管如何，使用這種「然而論法」的人，思考多半還未理出頭緒，所以言論中存在許多模稜兩可的地方。

如此不但無法有效地說服對方，反而使人猶豫不決，不知是否該接受聽到的言論。

這種說話的方式，也隱藏著巧妙的操縱性。因爲如此說話的人時常會利用「然而……」，把結論一轉再轉，迫使聽者糊裡糊塗採納他的意見。所以，也可以說該類型的人具有控制他人的心理。

這種具有控制欲的人，遲早會使周圍的人對他敬而遠之，因爲與他交談時必須要有耐心，而且心情經常都處在緊張狀態。

因爲他們往往不知道下一個「然而」將會出現什麼樣的新見解，如果缺乏耐心時，實在難以長久相處。

PART 4

站在對方的角度，活用說話藝術

有些顧客確實無購買能力，

有些卻是想進行討價還價，

推銷員一定要仔細分析其真正原因，

加以擊破！

死皮賴臉，說話充滿壓迫感

有的人臉部表情非常貧乏，反應並不太明顯。因此死皮賴臉的人，為確認自己講話的效果，常會一再重複使用「所以」二字。

在這個人心叵測的時代，人基於各種目的，難免會說一些假話謊話，因此，平時就要多一點慧眼，尤其在交際場合，更要懂活分辨對方說的是眞心話，或者只是場面話，甚至是騙人的謊話。

有些人在講話中，會一直不停使用「而且……」這兩個字。從心理學的觀點看，這是說話者企圖強迫對方接受其自我主張的絕對性、心理行爲。

據說，在政治界中，以死皮賴臉馳名於世的日本前首相田中角榮，便有這種說話習慣。

本來使用「而且」這個連接詞的用意，是要強調後面的句子，使人留意接下來的話，可是胡亂使用的結果，反而使想強調的句子含糊不清，影響主題的明確性。講話的人不斷以「而且」強調言論的重心，想迫使對方完全瞭解自己的意圖，並留下深刻的印象，結果卻反而使說詞的重點模糊不清，實在是一件十分遺憾的事。

喜歡使用「而且」語句的人，多半是因爲不太瞭解對方，更對對方感到不信任，他們經常會想：「你眞的瞭解我的用意嗎？」由於這種不安的感覺，老是縈繞心頭，所以不知不覺的就會特別強調談話中的各個段落。

碰到這種類型的交談者，聽話的人大可不必直接糾正，只需明白地把「我懂了！」這種訊息傳遞給他即可。比如，當他講話講到某一段落時，以深深的點頭，或者說：「喔！原來如此！」來回應。

與「而且」的強迫性質類似，上述類型的人經常使用的強迫性語言，還有

「所以……」。

一般說來，我們對於透過「所以」這個字眼，企圖說服別人的說話者，開始大都還算樂意接受。

但是，如果說話者連續多次使用「所以」，則會引起聽者的反感。因爲，「所以」表示下結論的意思，若言詞中一再出現「所以」二字，會使聽者產生被壓迫的感覺。

只是，這類型的說話者大都對自己的缺點毫不留意，他們在探究對方反應時，在未獲得對方首肯之前，會不停重複著「所以」、「所以」……。有的人臉部表情非常貧乏，聽人講話時，反應並不太明顯。因此死皮賴臉的人，爲確認自己講話的效果，常會一再重複使用「所以」二字，也並非沒有道理。

使用這種詞句最好還是要有個限度比較好，而且最好是在不使對方厭煩的程度下，適當應用才能得到最好效果。

比較級用詞讓人無法推辭

應妥善運用形容詞，以比較級來取悅對方。比較級用詞最容易提升聆聽者的自尊心，因此也具有較大的影響力。

美國著名廣告設計師霍依拉，有一回接受國際紅十字會之請託，以及其他基金勸募勸募團體的要求，代爲推展資金勸募工作。

他以一種別出心裁的做法展開工作，藉電話以及挨戶訪問，雙管齊下，居然得到了很多人的支持。

推展基金勸募，不管名目有多麼冠冕堂皇，總是一件吃力不討好的事。

如果直接開口詢問：「請捐獻一點善款作爲基金好嗎？」對方往往會毫不

遲疑地斷然拒絕。

為了避免這種狀況發生，霍依拉總是先聲奪人，以親切、友善，老朋友般的口吻說：「您好，今年打算捐『多少』給我們作為基金呢？」

對方原本也許打算一分錢也不捐，但是在這句話中，霍依拉以「去年已經捐過了」作為前提，於不知不覺中滿足對方的自尊，因此，大多數人會自動地慨然答應，掏出錢來。

在自尊心受到滿足之後，人便很難鼓起勇氣狠下心去拒絕別人了。霍依拉的一個「多少」形容詞，發揮了大大的作用。

有位心理學家蒐集了一百種以上的大眾性刊物，研究其中所有廣告，並且分門別類地加以比較，了解哪一種形容詞被使用得最多、最廣，最後竟然意外地發現，比較級形容詞被運用得最普遍。

「牛奶，讓你『更』健康！」

「口紅，讓妳『更』迷人！」

「電冰箱，使你的家庭生活『更』加美滿幸福！」

透過比較級形容詞或副詞的「加持」，這些廣告雖然沒有把被比較的對象明白地表示出來，但已足以令人陶醉了。

消費者總是會在不知不覺中，被廣告引入比較級的狀態裡，從中獲得滿足，因此，它也具有較大的影響力。

交談中，應妥善運用形容詞，以比較級來取悅對方。比較級用詞最容易提升聆聽者的自尊心，讓他更樂於「捐獻」。

藉同夥意識剷除敵對意識

利用「相互作用影響的體系」，讓「移入感情」發生作用。即使在敵對的關係當中，也能使對方產生「同夥意識」。

把「同夥意識」灌輸到對立或敵對者的腦海裡，是取勝的絕對性關鍵。因美國獨立戰爭成功而活躍一時的政治家富蘭克林，就是最擅長使人產生同夥意識的說話高手。

有一次，國會召開制憲會議，議決美國憲法，過程中爭論不休，時起激烈的爭執，最後居然演變成對於個人的人身攻擊。

富蘭克林認為，若要使會議圓滿地達到制憲目的，就必須先收拾眼下這種

相互對峙的僵局。

於是他起立發言：「坦白說，我個人並不百分之百贊成這部憲法，可是我卻不敢確信，在座的諸位是否也有同樣想法。我已經是耄耋之年了，卻還經常發現自己可能也會犯錯。我確實是固執己見的，但當有了最新最好的資料和更深入的思考時，我也會考慮改變自己的觀點，去容納不同的意見。」

「在一些重要的問題上，我最初以為自己的想法是正確的，然而最後的結果顯示實際上並非如此，於是，我不得不研究別人的不同意見，重新審視過去的想法：『為什麼別人與我不一樣，自己能保證絕對完美無瑕嗎？』為了讓這部憲法順利通過，諸位是否可以再考慮一下自己的意見呢？」

「自己可能也會犯錯」是富蘭克林這段講詞中的精髓，憑著這句話，終於使國會通過了美國憲法。

行爲科學上，這稱爲「相互作用影響的體系」，成功的關鍵在於使「移入感情」發生作用。

哈佛研究中心的羅基恩特教授說：「『同夥意識』原則在心理學上曾經做過多次實驗，均極為成功。」

爲了研究如何改善人際關係，他將一些原本感情不太和睦的男女學生，兩人一組，分成若干組進行實驗，並囑咐每組的其中一名，要以親切友善的態度和對方攀談，結果，另一名原本與組員不睦的學生，不僅消除了敵意，而且大多化干戈爲玉帛，順利和好。

這項實驗的成功率，高達七十到八十五％。

巧用「自己可能也會犯錯」，即使在敵對的關係當中，也能使對方產生「同夥意識」。如果不知道該如何剷除橫亙在彼此之間的感情阻礙，這絕對是一個值得嘗試的說話方法。

引起親切感，交往就不難

藉由關心對方的家人或使用流行語引起強烈的親切感，產生同夥意識，別人當然樂於與你交往。

對於初次見面以及了解不深的人，如何藉語言消除彼此之間的陌生感，縮短隔閡，以獲得信賴，是一門大學問。

自古以來，許多政治家都具有使人覺得親切的本事。他們懂得利用人性的各項弱點，巧妙使人心悅誠服，無條件接受領導，值得我們學習。

河野一郎是日本一位元老級政治家，十分懂得利用人們的微妙心理，藉巧妙語語使人大受感動。

一九五九年，他在紐約旅行時，巧遇了多年不見的好友米倉近。他鄉遇故知，兩人非常高興地握手寒暄，互道近況，暢談甚歡。各自回到旅館之後，河野一郎立刻撥了一通國際電話給米倉近在東京的妻子：「我叫河野一郎，是米倉近的老朋友，妳先生在紐約一切都很好。」

米倉近的妻子感激莫名，頓時熱淚盈眶。一直到後來，米倉夫妻還經常向人談論起這件事。

人在潛意識裡，總是會特別掛心自己的父母、妻子等關係親近的人，一旦發現對方也在關心著自己關心的人，或者具有相同的關心心態，大都會產生親近認同感。利用這種共同的心理傾向，先使人產生親切感，接下來，自然能夠成爲受人歡迎的人物。

日本昭和初期的政治家田中義一，有一次到北海道舉行一場演說，當地的權貴和百姓們夾道歡迎。

田中義一見狀連忙下車，趨前走進歡迎的行列中，向一位相貌打扮莊重的

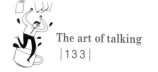

男士握手寒暄，並誠懇地詢問：「啊！辛苦辛苦！令尊近來好嗎？」

這位男士受寵若驚，卻面有戚色地說：「家父前年過世了。」

田中義一立刻回答：「真抱歉，我很難過。」

事後，有位隨行人員悄悄地問他：「那位先生到底是誰？」

想不到田中義一說：「我也不認識，但是誰沒有父母呢？即使是過世了，表達一下心意也不打緊的。」

這種做法似乎有點虛假，但相當有效。

在日常生活中，必須經常把「令尊好」、「嫂夫人好」、「孩子們可好」等問候話語掛在嘴邊，如此一來必能使他人覺得備受關心，深深感動。

藉由關心對方的家人，或是使用流行語、當地的方言，可以引起強烈的親切感，產生同屬一個團體的歸屬意識，強調「同伴」、「同夥」的關係，別人當然樂於與你交往。

此外，巧妙選擇稱呼對方的方式，也能夠成功營造同夥意識，增加親切感。

由於工作的關係，日本心理學家多湖輝經常和美國人往來。在談話當中，他發現西方人講話時有一個共通點，就是他們習慣於把對方的名字掛在嘴邊，例如「謝謝您，多湖先生」、「多湖先生，你的英文還不太行呢」、「再見了，多湖先生」……等等。

但是東方人不是如此，多半只喊對方的官銜或職名，在交際應酬中，總是不習慣直呼名字。

兩種不同的稱呼方式會導致不同效果，在與人交談時，西方人透過稱呼對方的名字，能夠輕易獲得親切感，進一步促進彼此之間情感的交流。

稱呼對方的名字，不以官銜、地位、職位等面具的虛飾稱呼，多能夠縮短彼此之間的心理差距，於無形中產生親切感，是把話說得更妙的有效技巧。

把對方當主角，成效會更好

想要博得他人的喜歡，在交談的過程中卸除心理防備，就要把對方當作「談話內容的主人翁」。

有兩名士兵同樣從戰地歸來，回到苦苦守候的女朋友身邊。

其中一位說：「我在外孤孤單單，好寂寞！」

另一位說：「沒有妳在身旁，我好寂寞！」

同樣的內容，不一樣的說法，哪一句更能使女朋友感到開心？

答案當然是第二句。

梅伊博士說過：「愛是感受對方存在的一種喜悅，不僅要確信自我的價值和成長，也要確信對方的價值和成長。認定對方的價值和好意，並且感受到自己和對方交往時的喜悅，便是『愛』的兩大元素。」

這番話似乎有些抽象，表現於言行卻很具體。在說出表示友好和關心對方的話語時，處處以對方爲重心，然後再表達自我的想法感受，將會使對方更感到歡欣、喜悅，並使愛情果實豐收。

有位作家雖然名譽不佳，但周旋於女人堆裡，仍然大受歡迎。他之所以能夠得到異性的衷心垂青，正在於熟悉女性的心理，進而加以操縱。

他經常反覆地使用下列語句：

「妳想要說些什麼？」

「我想到妳……」

「我認爲妳最合適的……」

「妳擔心的是……」

「記得上次和妳在一起時……」

這幾句話，總是隱隱地表示出「我一直在想妳」的意味，並帶有款款的情意，濃濃的關切。

當然，此類說話的技巧的應用，不只限於男女之間。

瓦納梅是美國百貨業大亨，手下店員多到不知其數。他的過人之處，在於如經顧客舉發某名店員的態度惡劣，絕不會把人叫來痛罵一頓，而是溫和地說：「我想你一定不會做出這件事來的，這絕對是場誤會。」

不但如此，他還會問：「怎麼了？是不是家裡出了什麼事？」

面對關心，店員多會慚愧得掉下眼淚，連聲道歉。

這就是「關切」產生的力量。我們所要學習的，正是瓦納梅在言語中自然透露關心的說話技巧。

想要博得他人的喜歡，在談話的過程中卸除心理防備，一個重要的說話秘訣，就是儘量把對方當作「談話內容的主人翁」看待。

用「不」來剷除拒絕態度

對方不肯說話，表露出拒絕的態度，因為心裡充滿了「不」的反抗意識。想使他開口，首先就要剷除這個「不」字。

詩人紀伯倫曾說：「一個人的實質，不在於他向你顯露的一面，而在於他不能向你顯露的一面，因此，如果你想了解他，不要去聽他說出的話，而要去聽他沒說出的話。」

想要溝通順利，就必須把話說進心坎裡；想要把話說進對方的心坎裡，就必須先看穿對方潛藏的心思，用對方最喜歡聽的話語，先打破沉默，再準確無誤地傳達自己的意思。

與人相處過程中，如果能順利打破沉默，製造共同的話題，不啻在人際關

係上注入一針強心劑。

那麼，該如何打破沉默？

心理專家在替人進行心理諮商和診斷之時，最令他們感到頭疼的事，莫過於病人拒絕合作。

這類人不僅一問三不知，甚至不理不睬，只是緊閉著嘴巴，兩眼傻傻瞪著一個方向，無論怎麼問，就是充耳不聞、毫無反應。

於是，有心理專家針對這種狀況，發明一種特效藥，就是猛然提出一個會令他提出反駁的問題。

身爲主管的人，碰上那些工作表現不佳、受到上司責罵的職員，不妨對他們說：「你在家裡，和太太、家人，一定處得不好！」

毫不客氣地從他的頭上澆下一盆冷水，他必會氣憤地反駁：「胡說！我和家人一向處得很好！」

人都有自尊心，即使他和家人處得不好，也不願意讓家醜外揚。

等到順利使他開口，再抓住這句話作爲把柄，追問：「那你爲什麼在辦公室裡和同事處不好呢？」

可想而知，他自然會滔滔不絕地說出一大堆理由，把心中的話全盤托出。

對方不肯說話，表露出拒絕的態度，因爲心裡充滿了「不」的反抗意識，想使他開口，首先就要剷除這個「不」字。

納德創辦世界上第一家人壽保險公司，手下知名經理人巴頓有一個極爲巧妙的交涉小技巧：「我每次和對方打交道，談話一開始，總要提出一個他必然會回答『不』的問題，接著追問他『為什麼』，如此一來，對方立刻落入陷阱中，順利打開話匣子。」

這正如得到一瓶芬芳醉人的香檳，必先使瓶塞「不」地一聲打開之後，才能眞正品嚐到美酒的醇郁。

以退為進，誘獵物掉進陷阱

「以退為進」原則能在不知不覺中迫使對方做出大幅度讓步，落進「禮遇」的陷阱中，吃虧上當。

人的心理不但複雜，且奧妙得不可思議。很多時候，如果自己搶先退讓，對方反而會表現得比你更客氣。

第二次大戰期間，產業界嚴重缺乏人力資源，因此零售業者想盡辦法從各方面減少送貨人手，有一家商店便巧妙利用了上述心理。

當顧客買下大批貨物後，店員會主動且客氣地詢問：「是否需要我們派專人將貨品送到府上？還是您自己順路帶回去？」

結果，大多數客人都表示願意自己將物品帶回家。短短兩年之內，那家商店的送貨量便減少了七十％左右。

由上述所舉例子，我們可以知道，當一個人潛意識裡的願望、要求完全如願以償，心中多半會產生輕微的罪惡感，願意稍做讓步，答應對方的請求，否定自己原本抱持的意圖。

這種策反心理，應用在職場管理中也同樣行得通。

某公司業務遽增，員工們已經連續加班好幾天，主管實在開不了口要求員工再加班了，但堆積如山的業務又非得完成不可。

此時，不妨改變口吻詢問：「今天實在太累了，我不知道是讓大家早點回家好呢？還是再加一天班好呢？」

採用這種說法，絕對比強硬地說：「今天再加班一天！」更爲巧妙。

使用商議性口吻說話，能夠降低對方的抗拒心理。

這是一種「以退爲進」原則，能在不知不覺中迫使他人做出大幅度讓步，落進「禮遇」的陷阱中，吃虧上當。

站在對方的角度，活用說話藝術

有些顧客確實無購買能力，有些卻是想進行討價還價，推銷員一定要仔細分析其真正原因，加以擊破！

在推銷過程中，推銷員往往會聽到顧客說出這樣的話：「哎呀！這東西價格太高了，我們買不起。」

如果此時推銷員回答「不會啦！這怎麼會貴呢？就它的性能來說算是便宜的啦」，或「您覺得價格太高是嗎？我們可以商量看看，或許您可向銀行貸款，或利用分期付款來購買」……等言辭，絕對是最不理想的應對方法。

一股勁地訴說「費用不高」的理由，也是不明智的應對。

這時候，應該以如下的言辭來說服對方：

「您說得不錯，一下子要您拿出這麼大一筆錢來，的確是沉重的負擔，但是您想想看，這種東西不是用一、兩年就會壞的，只要使用方法正確，用個十年應該沒有問題。我們不要說十年，就以五年來算，則一年只要花一千兩百元，再除以十二個月，每月只需要一百元，換言之，每天只要三元而以。」

「老闆！您抽的是什麼牌子的香煙呢？這三元也不過是您每天抽一、兩支煙的錢，算起來很便宜不是嗎？如果您冬天也繼續做生意的話，那麼，不到一年就賺回本錢，接下來就是純利了。」

先贊同對方的說法，再將費用化整爲零，讓顧客感覺其實商品的價格並不貴。破除了這項疑慮後，再提出產品的優點，自然水到渠成。

以下的說法，也可以適時運用：

「先生，你別想得太嚴重，一天只花兩元，就好像買糖果、玩具那樣，或是用你抽根煙、喝喝咖啡的心情來買這個商品就行了。您也知道，現在喝一杯咖啡要花幾十元，假如稍微節省一下，就可買這商品了，一天只要花兩元。」

「花一點點的錢，就可以使你可愛的寶寶的腦細胞順利地發育，並且成爲聰明的孩子，以後考上好學校，非常值得啊！」

「假如您要到書店去找這種書，一定不知道應該買哪一本，才會對自己的孩子有幫助，所以買回家的都是一些普通書刊。您更應該選擇這本經過很多教育專家花費好幾年的功夫才編出的《學習百科事典》，這對您的孩子會有很大的幫助。」

「家庭教育好壞，可能會使孩子成爲一個天才，也可能變成一個壞孩子。普通書刊與有關教育方面的書籍的性質是不一樣的，您應該買由教育家經過研究而寫出來的好書，對於孩子們的身心成長以及課業方面才有幫助，您認爲呢？」

「請聽我說幾句話，反正半年後或者一年後總要買這本書，同樣是要買，那麼早一點買，對您的孩子而言更有利。相反的，如果以後絕對不買這種書，當然我就沒什麼話好說了。不過，如果今後一定要買，就請您早一點買，如此幫助必定更大、更明顯。」

有時，顧客之所以認為某種產品太貴了，就是因為對價格產生了疑慮，它表現在顧客以資金困難或沒錢為理由而設置的推銷障礙，可能是「我想要一件，可我現在沒有那麼多錢」、「分期付款可以考慮」、「如果能再便宜一點，我就買……」等等。

這種異議有眞實和虛假之分，有的顧客確實無購買能力，有的在以此進行討價還價，還有一些以此為藉口拒絕推銷。

遇到財力異議的障礙，推銷員一定要仔細分析眞正原因，加以擊破！不能因為「沒錢」就一下子洩了氣，想著：「唉，沒錢，不用再費口舌，算了吧！」從而輕而易舉地放棄推銷。

看看下面的例子：

「不好意思，我們目前沒有錢，等我有錢再買。」

雖被拒絕，但這位推銷員看到女主人懷裡抱著一隻名貴的狗，計上心來。

「您養的這小狗真可愛，一看就知道是很名貴的品種。」

「是呀！」

「您一定在牠身上花了不少錢和精力吧！」

「沒錯。」女主人開始眉飛色舞地向推銷員介紹自己為這條狗所投入的金錢和精力，且一臉得意。

「那當然，這不是一般階層能做到的，就像這化妝品，價錢比較貴，所以使用它的女士都是高收入、高社會地位的。」

一句話切入重點，說得女主人再也不能以沒錢爲藉口，反而非常高興地買下了一套化妝品。

商業上，進行說服的最終目的都在完成交易，但不能「強迫購買」，而要巧妙運用說話藝術，讓對方心甘情願成爲自己的客戶。

適時引用第三者的話

通常顧客對推銷員是排斥的，巧妙加入第三者的話，能夠增加可信度，使顧客心中感覺別人買了，那這項產品必定不差。

推銷時，巧妙地引用第三者的話，向顧客說出他人對自己商品的評價，會收到意想不到的效果。

談到正出售的一塊土地，你可以對顧客說：「前不久一個顧客也來此地看過，他覺得非常滿意，想蓋棟別墅。可惜後來他因資金周轉有問題而無法購買，我也爲他感到遺憾。」

這種方法效果非常好，但是，如果你說謊又被識破的話，那可就非常難堪了，所以應該儘量引用眞實的事情。

這一技巧的妙處，在於一般顧客對於推銷員的印象總不是那麼好，對於推銷這種售賣方式也多持懷疑的態度。如果你非常成功地引用了第三者的評價來遊說，顧客一定會感到安全感，消除對你的戒心，相信你做的商品介紹，認爲購買你的商品可以放心。

假如你爲一家公司推銷一種新式化妝品，而這家公司已經在電視上大做廣告，那麼你的推銷一定要由此開始。

你應該對顧客說：「這就是電視裡天天出現的那種最新樣式的化妝品，您一看就會認出來的。」然後立刻將樣品遞過去，她便不會有意識地來懷疑你了。

如果你認爲對方不是一個喜歡標新立異的人，可以接著告訴她：「我剛才已經賣了幾十瓶，他們都是看了電視廣告介紹才下決心買的。」

這樣，成交希望就更大了，因爲你一直都在「請」廣告和其他的購買者來爲自己背書，她自然不會產生懷疑。

如果你知道某個「大人物」曾盛讚或使用了你正在推銷的商品，那麼推銷會變得更加容易。毫無疑問，電影明星、體育明星等「大人物」一定比你更容易受到信賴，說服力當然強得多。

但這樣的好事，未必就落在你所推銷的商品上，這也不要緊。你如果能打聽到顧客的周圍，有一個值得信賴的人，曾經說過你的商品的好話，就應該不失時機地加以應用。

即便你引用一個顧客並不了解的人所說的話，也不一定就沒有效果。只要言之有理，對方仍然會加以考慮。

推銷過程中，一般只有兩者在對談，即推銷員和顧客，通常顧客對推銷員總是排斥的，這時若巧妙加入第三者的話，能夠增加可信度，使顧客心中感覺別人買了，那這項產品必定不差，同時也激起對方的購買慾，覺得既然別人有了，自己也要買。

PART 5

換個說法，就可以改變對方的想法

引導想法的說話方法，

對於任何誤以為自己有許多毛病的人，

通常都相當適用，可有效解除心理上的困境。

扭轉地位，撤除對方的防備

如果上位者能主動且不露痕跡地和下屬親近，便能突破兩者之間立場上的懸殊，一掃心理上的隔閡。

爲人上司，往往只要說一句聽來極平淡的話，就足以激起部屬們的雄心和興趣。相反的，也可能因一句帶命令式的言語，使員工們懶洋洋、無精打采。

「麻煩你做這件事，好不好！」

「你去做這件事！」

兩種不同的口吻，所產生的後果將截然不同。

一位職員升爲課長、主任、經理，或其他更高的職位以後，多半會在不知不覺當中改變自己說話的口吻，似乎不這樣便不足以表現自己的新身份。

事實上，如能捨棄語言具有的身份表徵功能，不做作、不驕矜，不僅會受到更多尊敬，同時將更容易領導部屬，使員工們投入工作。

某一年，美國田納西州州長選舉，有兄弟二人同時出馬角逐。

哥哥的親民工作非常到家，親吻孩童、攙扶老人，並且特地製作了許多日曆和扇子送給選民，大家都稱讚他是個充滿愛心的候選人。

弟弟則與他完全相反，沒有優雅的姿態和親民的舉動，卻有一個特殊習慣，在公眾場合演說時，總會先在口袋裡一陣掏摸，然後伸手向群眾說：「誰有香煙？請給我一支抽抽。」

想不到最後竟然是弟弟當選了，而且得到壓倒性的勝利。

原因何在？那是因爲選民們有了個錯覺：「他有求於我呢！」這位政治家經常忘了帶香煙，自己則有能力幫助他，因此贏得選民的熱烈支持。

社會地位越低下，心理上的自卑感也越濃厚。

如果上位者能主動且不露痕跡地和下屬親近，便能補償自卑的意識，很快地突破兩者之間立場上的懸殊，一掃心理上的隔閡。

因此，「官僚式」口吻往往見於惡化的群體關係當中，成了阻礙人際關係發展的障礙。持這種態度的上司，往往容易招來部屬的反抗，導致命令無法貫徹。唯有扭轉口吻，視對方爲與自己身份相同者，才能順利跨越上司和部屬之間那道看不見的鴻溝。

舉例來說，身爲上司，在要求部屬執行命令時，不妨這麼說：「不好意思，有件事拜託你。」

即使是經常唱反調的員工，遇到如此場面，多半都會欣然同意。

將對方濃濃的自卑感轉化爲優越意識，他的內心一定會自鳴得意，做起事來自然幹勁十足，這就是語言的效果。

「疑問句」的效力，更勝於命令

疑問句可以用來引導部屬們的判斷力，巧用疑問句能給予對方軟性衝擊，加強期望狀態，從而願意主動加速進行某件工作。

作家柯立芝曾經這麼說：「言語是人類心智的軍火庫，藏著以往的戰利品，更藏著征服未來的武器。」

想要說服別人按照自己的意思去做，嚴格講起來，一點都不困難，問題就在於，你是否讀懂對方的心思，是否站在對方的立場著想。

同樣一件事，用兩種不同的話語表達，最後的結果往往南轅北轍。

如果你可以在言談間看穿對方正在想什麼，便可以輕鬆地站在對方的角度說出他最能欣然接受的話。

日本天皇御用攝影師熊谷辰夫，說過一則有關皇妃美智子的故事，顯示出她相當懂得語言的心理戰，能巧妙運用「疑問式比命令式」原則。

有一天，熊谷辰夫奉命進宮替皇太子浩宮拍照，攝取彈琴的鏡頭。可是由於場地太小，浩宮彈得又快，再加上全是高音階，效果非常不好。

如果雙手能移向低音階彈奏，取景便會方便許多。

他為這件事大傷腦筋，卻又不便啟口，此時，美智子會意地說：「浩宮，你試著彈彈低音階，看看會不會更好聽？」

當皇太子將雙手移向低音鍵的那一剎那，熊谷辰夫把握了這難得的好機會，按下快門，成功拍出一張很具效果的照片。

美智子不用「彈低音」的命令口吻，而改用疑問的語氣，證明了她是一位精通兒童心理學的皇妃，能用最富技巧的方式說話。

心理學家普遍認爲，希望孩子們聽話，採用對話的方式，效果往往不會太顯著；如改用命令口氣，雖然能夠達到預期的效果，但因強制性太重，常會使孩子們失去自發自動精神，因此採用疑問句是最佳選擇。

這種情形，當然不僅限於孩子，在工作中，疑問句更可以用來引導部屬們的判斷力，促使奮發振作。

「如果選擇這麼做，結果會如何呢？」巧用疑問能給予對方軟性衝擊，加強期望狀態，從而願意主動加速進行某件工作。

當然，想要利用這種方法，必須以了解對方個性和當時的心理狀態為前提，否則將可能適得其反。

活用數字，就能增加可信度

「語言的尾數」本身就是最善、最美、最真的廣告。儘量不要以整數概略言之，將能提高真實感，接收者才有考慮與注意的可能。

由數字產生的效應，稱爲「感光效果」。「感光效果」因人而異，先了解對方信賴什麼，然後運用你們的言談之中，就能活用說話術，把話說進對方的心坎裡。

在日本，有位藥房老闆到太陽銀行請求貸款，申請單上塡了「九十一萬元」。經理土田正男是企業調查的行家，立刻注意到一萬元的尾數。他問：「這位老闆，爲什麼不貸款一百萬或九十萬元呢？」

「只要九十一萬就好。九十萬不夠，一百萬多了點，貸款過多需要負擔不必要的利息。這個數目銀行不會不方便吧？」

「不會！不會！」就因爲這「一」萬元的尾數，取得了銀行的信任，經理立刻蓋上「照准」的大印。

比起整數的九十萬或是一百萬，多了個尾數的九十「一」，正是增強他人信任度的關鍵技巧。

風行歐美的象牙香皀以「九十九．四四%純度」做廣告，不附和同類產品的「絕對純度」，小心且謹慎地誇張自己，卻增加更多的眞實性。

對於小數點，人們一向不重視它的價值，但在數字後面添加尾數，如上述的九十九．「四四」，卻能給人一定經過嚴密科學分析與檢驗的錯覺。

大衆傳播媒體專家普亞斯汀說：「製造印象和錯覺的首要條件，要能『以假亂真』，讓每個人都以為是『真』的。最大要訣，是著眼於使『對方容易相信』的觀點著手。」

「語言的尾數」本身就是最善、最美、最眞的廣告。儘量不要以整數概略言之，將能提高眞實感，接收者才有考慮與注意的可能，否則，無論辭藻再美、語氣再誇大，都難以達到預期的目的。

利用數字確實能夠增加可信度，有許多人就相當信任數字情報。

英國政治學家迪斯萊利曾有一句名言：「謊言分為三種，單純謊言，令人討厭的謊言，以及統計數字。」

在謊言中加上統計數字，能有效提高可信度，使對方深信不疑。有許多人在公衆演說當中，爲了不使聽衆對於演講內容感到懷疑，會像眞有那麼一回事一樣，列舉一連串數字作爲補充說明。

果然不出所料，原本昏昏欲睡的聽衆都不再打瞌睡，而且聽得入神。

因此，若在爭論中也插入幾個有事實根據的統計數字，一定會提高說服力。

肯定是最有力的激勵

激發別人的幹勁，不應全憑自己的判斷，而是要把對方抬高，在他已有的實力上添磚增瓦，以締造更高的成就。

日本游泳女將前田秀子在奪得貝魯林世運會冠軍之前，曾以十八歲的年齡參加於洛杉磯舉行的前一屆世運會，以〇．一秒之差敗給澳大利亞選手，只奪得銀牌與金牌擦身而過。

在慶功宴上，當時的東京市長永田秀次郎問她：「第一次參賽便拿到銀牌，一定很高興吧？」

「對，我很高興，做夢也沒想到自己會拿到銀牌，更沒想到還刷新了全國紀錄。」她笑著回答。

「我還爲妳可惜呢！只差〇．一秒。妳縮短了全國紀錄有六秒之多，如果能縮短至七秒的話，金牌不就是妳的了嗎？再試試看，再努力四年吧！下一次說不定能拿到冠軍！」

事實上，前田秀子本來打算就此悄然從泳壇引退，可是東京市長的這番話打動了她的心，助她下定決心向〇．一秒挑戰。

果然不負日本國民的期望，她在四年後的貝魯林世運會裡奪得冠軍。

激發別人的幹勁，不應全憑自己的判斷，而是要把對方抬得更高一點，在他已有的實力上添磚增瓦，以締造更高的成就。

永田秀次郎市長當然知道縮短〇．一秒是何等困難艱鉅，但因善用肯定句，前田秀子聽了，又豈能表示「我無法再快」？除了勤練四年，接受別人賦予的信心，硬起頭皮再次挑戰，實在別無他途。這就是肯定性言語的力量！

以自責代替斥責

責人時引出自責，往往會收到更佳的效果。同時也要注意切莫帶有諷刺意味，否則只會帶來反效果。

錯誤或衝突造成以後，與其譴責對方，不如以自責的態度來處理事情，更容易讓對方自我反省。

日本名評論家丸岡秀子曾在雜誌上發表過《連繫內心的話》一文，其中有如下一段，值得再三玩味：

丸岡小時候，在學校裡做錯了一件事，被級任老師狠狠地責罵了一頓，末尾還加了一句：「唉！我恐怕教不了這個孩子！」

這件事一直讓她記憶到今日，造成非常深遠的影響。

那位教師把過錯歸咎在自己的「能力」不足，所以對丸岡秀子產生了一輩子的影響。日後她在教訓自己的子女、學生時，總是自責似地說：「我不能把你們教成這樣的孩子哪！」

用自責代替斥責，往往會收到更佳的效果。

這種自責方式，可以廣泛地用在人際關係上。

妻子不希望丈夫喝酒，與其叨嘮不休，大可以說：「我實在不希望讓自己的丈夫成爲酒鬼。」

對於工作不力的部屬，主管也可以對他們說：「一定是我指導無方，要不然你們怎麼會這樣！」

這種方式可讓人自我反省，但同時也要注意切莫帶有諷刺意味，否則只會使狀況惡化，帶來反效果。

連續暗示有助於激勵鬥志

暗示的作用在於策動對方接受不知不覺當中的潛移默化，目的是為了影響心理，使學會自動自發，而非聽命於人。

「暗示」往往只需一兩句話，但效果不小。

日本作家柏原兵三，曾得過芥川龍之介文學獎，年僅三十八歲便在文壇上享有盛名。據說，每當他陷入寫作低潮時，總愛在夜深人靜的時候打開住家三樓的窗戶，向天空大喊三聲：「我是天才！我是天才！我是天才！」

這絕對不是他終於被壓力逼瘋了，而是一種具有鼓勵作用的「自我暗示法」，若是運用於他人身上，便是「他人暗示法」。「他人暗示」分爲兩種，一種是直接暗示，一種是間接暗示。不論是促使對方直接了解，或感覺於無形的間接了解，暗示的目的都是爲了策動對方，接受不知不覺當中的潛移默化，目的則在影響心理，使他學會自動自發，而非聽命於人。

在早期，市面上出售的教學錄音帶經常有這類暗示的短語出現，例如一卷練習英語的錄音帶，中間會出現這麼幾句話：「我今年剛考上大學，只花了兩個月時間，便完全領會這錄音帶所說的內容。」

「我只花了兩個月時間」，這是句平淡、簡短的句子，出現在每一課文章的開頭，這卷錄音帶恰巧有二十課，所以這句「只花了兩個月時間」，就要聽上足足二十遍。一開始，聽的人也許並不以爲然，甚至可能感到非常厭惡，但是聽久了之後，就會漸漸產生「你兩個月學得會，我當然也能」的念頭，無形中便觸發了一股好強、向上努力的決心。

活用「暗示」，會在不知不覺中激發了鬥志。

遇到陷於低潮的部屬、學生、後輩時，不妨嘗試這種方法。最重要的秘訣就是反覆使用，必須使得對方對自己產生信心，能自動自發去向問題挑戰。

換個說法，就可以改變對方的想法

引導想法的說話方法，對於任何誤以為自己有許多毛病的人，通常都相當適用，可有效解除心理上的困境。

語言專家貝爾曾經寫道：「一句話往往再加上幾個字，就可以讓別人原本不想聽的話，變成別人願意聽的話。」

溝通其實沒什麼特別的秘訣，就看你是否懂得站在對方立場看問題，是否懂得站在對方角度說話，然後在話語之中改變對方的想法。

想要提昇自己的處世競爭力，說話辦事一定要講究策略和技巧；只要換個說法，你就會恍然發現，說服別人其實沒那麼困難。

換個說法，往往能改變對方原本的想法。

「我是……」這個口頭禪，可能隱伏著很多意外的陷阱，容易令人誤會這個人本身有很多缺點。

例如，如果你說：「我是個口吃的人。」別人就會認定你經常口吃。這個錯覺產生之後，包括你自己在內，每個人都在下意識裡肯定：這個人有口吃的毛病，在任何場合都會口吃。

日本口才專家齋藤津子，試圖矯正一位印尼僑生口吃以前，和他先做了兩小時的促膝長談。結束之前，她對他說：「你知道嗎？其實你並沒有口吃的毛病，根本用不著矯正。」

僑生聞言大感意外，一時之間不知做何反應，只愣愣地看著她。

「你只是在發破裂音和摩擦音之時比較不順暢，所以重複了幾次而已，那不能算是口吃！」

「但我眞的是個有口吃毛病的人。」

「沒這種事，你眞的多心了，只要在有空的時候多花點時間練習這兩種音，就可以改善了。」

這位年輕人非常高興，陰霾與煩惱全都拋到九霄雲外，逢人便說「我不是口吃者」，人生觀因而完全改變。

這案例點出一個事實，語言不是全能的，它並不能表達思想的全部，有時連完整的事實也難以勝任。

有些年輕朋友總是說：「我在陌生的環境裡就會臉紅。」

如果應用齋藤津子的方法，那麼可以試著告訴他：「你只是在遇到長輩或初次見面的陌生人時，才會由於惶恐不安而臉紅。」

他自己則應該改口這麼說：「有時我會臉紅……」

或者更詳細一點說：「在人多的地方或是跟長輩說話時，我會臉紅。」

這種引導想法的說話方法，對於任何誤以爲自己有許多毛病的人，通常都相當適用，可有效解除心理上的困境。

轉換立場，就不必爭吵

比起一味地加諸觀念或斥責，把對方導引至第三者的立場，有技巧地說話，將更具成效。

很多人圖用爭論的方式說服別人。

事實上，這是不可能的事。

想以雄辯、說理使對方信服並不容易，尤其是以「自己的意見、對方的反對意見、自己的反對意見、對方的反對意見」模式進行爭論，更會加深彼此之間的對立僵持，並招致更多更有力的反駁。

千萬記住，立場對立時不宜爭論。此時，只有把對方導引至第三者的立場，才能收到正向效果。

譬如勸導一名不良少年，如果選擇直接和他爭論，態度立場針鋒相對，除了加深反感，不會有什麼作用，要是打罵他，將使狀況更糟。

此時，不妨提出另外一名不良少年說：「那個孩子太不像話了，天天惹他的父母傷心，你有機會勸勸他吧！」

這當然是虛晃一招，目的還是要他自己勸自己，即使被他看穿你的眞正意圖，也是激起良知的一種好方法。

眞正的獲勝者，是使對方能眞正採納自己意見的一方。

類似勸服不良少年的例子，不妨在實際生活中找機會應用，比起一味地加諸觀念或斥責，有技巧地說話方式將更具成效。

與反對的聲音達成共識

面對顧客的反對意見，要保持冷靜對待。應當態度自若，避免和顧客爭吵，進而靈活運用方法來解決問題。

反對意見是顧客對推銷人員及推銷的產品、推銷行爲的必然反應。常言道「嫌貨才是買貨人」，從這個意義講，反對意見不是推銷的障礙，而是顧客對商品感興趣，即將成交的信號。

因此，推銷行家認爲，只有當顧客提出意見時，才是推銷工作的開始。要認識到顧客提出反對意見是正常現象，正確對待反對意見，認識反對意見的實際意義，甚至主動要求並歡迎顧客直接提出。

從推銷心理講，顧客的購買決定既受理智的控制，也受情感的控制，推銷人員與顧客爭吵絕對會傷害感情，即使推銷人員取得了爭吵的勝利，也失去了成交的機會，並不値得。

你應研究顧客的心理狀態，講究說服藝術，不要讓顧客難堪，遇到狀況，可以委婉地說：「我知道自己還沒有完全解釋清楚……」或者說：「對不起，我使你產生了誤解。」以此來化解當前的矛盾。

此外，應尊重顧客的觀點，即便自己認爲是錯誤的，或者根本不同意，也要認眞聽取，讓顧客暢所欲言。

這樣做有利於保持友好的氣氛，並減輕顧客的心理壓力。

如果顧客不需要你說出個人的看法，或者根本不把你當成行家徵求意見，就要儘量不提出自己的個人看法，不要說：「如果我是你，我就……」或者：「我自己就使用過……」這樣的話語，在內行的顧客看來，既缺乏說服力，又不夠眞誠。

處理顧客異議時，推銷員常用的語言技巧有以下幾種：

●做好準備

在與顧客面談之前做好充分準備，事先對顧客可能提出異議的地方做詳盡的闡釋，以克服反對意見。使用此方法應注意不要使用一些刺耳的詞句，以免引起顧客的反感。

把推銷要點分成許多部分，然後用提問的方式提出，在提出推銷要點之後，要檢查一下顧客是否接受。很可能有你認爲正確的建議，顧客卻認爲是難以理解的情況，所以要謹慎引導顧客按照你的方法看問題。

經驗證明，做好上述幾點後，在與顧客面談時，可以大大減少顧客的反對意見，使氣氛和諧。

●不直接反駁顧客

這種方法的談話形式是「對，但是……」，它是根據有關事實和理由來間接否定顧客意見的處理技巧。

使用此法的優點是不直接反駁，而間接否定顧客意見，一般不會導致冒犯，有利於保持良好面談氣氛。同時也爲談話留下一定餘地，有利於根據顧客的意見，提出具體的處理辦法。

例如顧客說：「我不喜歡這樣式，太難看了！」根據觀察分析，這意見的根源是顧客的個人偏好，對於這種敏感的問題，不宜直接加以反駁，而應委婉地伺機處理。

你可以說：「先生，您的看法有一定道理，但是您是否也認爲這種式樣具有新的特色……」這種方式是承認顧客的意見，先退後進，繼續進行銷售面談和示範，間接否定顧客的反對意見，卻不至於傷人。

● 善加利用顧客的意見

這是利用顧客反對意見，適當提取利於推銷的那一面，作爲洽談的起點，展開說服和示範的方法。

顧客的反對意見同時具有雙重性，既有阻礙成交的可能，又有促成交易的希望。推銷人員應利用顧客意見的矛盾性，發揮積極因素，克服消極因素，有效地促成交易。這種方法既不迴避顧客的意見，又可以透過改變有關意見的性質和作用，把顧客拒絕購買的理由轉化爲說服購買的理由，還可以營造良好的洽談氣氛，有利於完善處理意見。

例如，顧客說：「又漲價了，買不起。」

經過分析，意見的來源主要是偏見和物價上漲，於是，推銷人員說：「這商品是漲價了，而且還會繼續上漲，現在不買，將來恐怕眞的買不起了。」

這就是一個明顯的範例，把拒絕購買商品的理由轉化，搖身一變爲說服顧客購買的理由。

●利用產品優點

某些時候，顧客的反對意見確有道理，採取否認的態度是不明智的做法。推銷人員應承認顧客是正確的，然後利用產品的優點來補償和抵消這些缺點。使用產品優點的方法來處理反對意見，可以使顧客達到一定程度的心理平衡，有利於排除成交障礙，促成交易。

例如，顧客說：「我要買一部帶耳機的收音機，可是你這種是不帶耳機的，我不要！」

推銷人員便可說：「這種收音機是不帶耳機，但是要買帶耳機的就要多花一些錢，其實耳機用的時間也不多，您何必花這些錢呢？再說這種收音機已經裝有插孔，萬一要用，您可以買一副更好的呢！」

●迴避法

顧客主觀的反對意見是難以消除的，因此，對於過於主觀的反對意見，只要不直接影響成交，推銷人員最好不回答，更不要反駁，迴避處之。推銷經驗告訴我們，有相當多的反對意見，是可以置之不理的。

例如，顧客說：「你是某某公司的推銷員？那個鬼地方眞不方便。」

這一個與成交無關的意見，不影響交易，因此推銷員不予理睬，便說：「先生，請你先看看產品……」跳過與成交無關的意見，繼續進行面談。

「這東西太貴了！」

一位顧客提出了反對意見，推銷人員認爲這意見出於偏見，決定置之不理。於是，他繼續說道：「先生，關於價格問題，現在我們暫且不談，還是請您先看看產品吧！」

推銷人員不理睬顧客提出的「太貴」意見，繼續談產品，當顧客眞正理解了產品的用途和特點後，先前所謂的「價格太貴」的意見也就不復存在了。

面對顧客的反對意見，要保持冷靜對待。如果處理不冷靜，口氣不當，就會引起顧客的反感。

因此，遇到顧客持有反對意見時，應當態度自若，避免和顧客爭吵，進而靈活運用方法來解決問題，達成交易。

說服的關鍵，在於口才表現

適度的自我宣傳與推銷，輔以具緩和作用的幽默感，使一切在親切融洽氣氛中進行，是達成交易的最理想情境。

有時候，顧客其實很想買你的產品，但不知道這個決定對不對、好不好，因此提出各種問題，或自己站在反方說出各種不想買的藉口，等著你給他信心，說服他購買。

顧名思義，凡是「說服」行動，必定跟語言脫不了關係。事實也確實如此，我們可以說，說服的關鍵正在於口才表現。

• 怎樣發揮「攻心」效應

一家銷售名貴珠寶的銀樓，一早開門不久，便走進一對華僑夫婦。夫人看中了一只相當華美的鑽石戒指，從女店員手中接過之後看了又看，顯然是愛不釋手。但當她看清標價後，便搖了搖頭，顯現出為難的樣子。

夫人說：「好是好，就是……」

女店員一聽，心下會意，馬上接口：「夫人，您真有眼光，這戒指確實漂亮，但相對的價格也高。上個月，市長夫人來到店裡，也同樣看上了它，非常喜歡，但因為價錢問題，終究是沒有買下。」

這時，那始終沉默的先生開口了：「小姐，真有這樣的事情嗎？連市長夫人都喜歡這個戒指？」

女店員當即點了點頭，只見先生考慮了一下，說：「小姐，請開發票，我要買下這個戒指。」於是，這枚放在店裡兩年始終未能售出、價格昂貴得驚人的鑽石戒指，終於順利成交。

這個例子之所以成功，訣竅正在於巧妙運用了語言的「攻心」效應，以堂堂市長夫人也未能買下的消息爲「誘餌」，激發那名華僑先生「求名」的心理慾望，達成交易。

●進行自我宣傳與自我推銷

人們在自我誇耀時，總多少感到左右爲難，希望表現自己，讓別人賞識，同時又害怕被別人認爲自誇自大，一點不懂得謙虛。

在東方社會，長久以來的道德標準認定謙讓是美德，可隨著時代變遷，社會競爭日趨激烈，「自我推銷」顯得越來越重要。

學會適度自誇是相當重要的才能，而在進行自我誇耀時，首要就是表現幽默感，務求讓別人在笑聲中接受。

自誇並不可恥，而是一種宣傳，畢竟廣告是所有商業行爲的基礎。但是，如果採用過分或低俗的方式自我炫耀，就會招致反感。因此，自我宣傳和自我誇耀首先應具有適度的幽默感，並保持在適當程度。

例如，日本的「丸牛百貨公司」，有一句相當幽默的廣告語：「除了愛人，什麼東西都賣給你。」

●說服顧客是盈利的關鍵

不管在哪一行業，說服客人的能力都是非常重要的經營之道。以下是幾則小笑話，開懷之餘，也請你細細品味對話中的奧妙：

有位為自己身後事著想的老人，來到一家葬儀社，打算預購棺材。店主一聽，很熱心地向他介紹各種價格不同的棺材。

聽了半天之後，老人忍不住詢問店主：「請問一下，三十萬元的和兩萬元的，究竟有什麼不同？」

「不同可大了！最明顯來說，三十萬元的棺材設計比較符合人體工學，內部有足夠的空間，可以讓你的手腳充分伸展。」

另一則笑話則與生髮水相關，是這樣說的：

一名客人聽了老闆大力介紹的某種強效生髮水後，疑惑地問道：「這……真的有效嗎？」

「當然啦！我的顧客當中，甚至有人連續用了五年啊！」

也有另一種版本，面對同樣的質問，老闆如此回答：「那當然啦！不過這種藥在使用上稍微有點麻煩，就是必須要用棉花棒擦抹。那些以前用手直接沾著擦的客人，事後都抱怨連連，說雙手都長了毛，簡直跟猴子沒兩樣。」

推銷的最大忌諱，就是激怒客人，因此可說幽默感是必備「武器」。適度可信的自我宣傳與推銷，輔以具備緩和作用的幽默感，使一切在親切融洽的氣氛中進行，是達成交易的最理想情境。

PART 6

懂得說話，就不會尷尬

在任何場合開口說話時，
一定要三思而後言。
古人常說的「禍從口出」，
就是因為不考慮清楚就隨意開口，
為自己惹來了麻煩。

聰明打開話題，發揮言語效益

故意發個讓對方容易接的球，他一高興，當然樂於還擊，話題會自然地圍繞著興趣轉，讓他談笑風生，起勁地暢談不休。

與人交談就如同打桌球，必須迅速靈敏地將球抽回，一方面維持與對方的連續還擊，一方面藉著那小小的乒乓球，溝通彼此的心靈。同時，選擇一個適當的機會，攻殺對方。

如果操之過急，一味地想擊敗對手，勢必會先嚐到敗績。

最容易維持交談的話題，莫過於針對對方的興趣出發。例如，如果你知道對方擅長打乒乓球，那麼在會面寒暄之後，就要立刻提出。

「聽說您是一位乒乓球高手？」

這正如同桌球運動中的發球，故意發個讓對方容易接的球，他一高興，當然樂於還擊，話題會自然地圍繞著興趣轉，讓他談笑風生，起勁地暢談不休。

這可稱之爲談話的「情感發酵」，或者「談話的發球」。

被商界譽為「銷售權威」的霍依拉先生，便十分擅長「談話的發球」。

有一次，他為了替報社爭取廣告刊登，親自到梅伊百貨公司拜訪總經理梅伊。相互寒暄介紹以後，霍依拉不經意地加上一句：「您在哪兒學會駕駛飛機的？」想不到這句話真靈驗，正好搔著梅伊的癢處，觸發了他的談興，於是便主動邀請霍依拉在週末時搭乘他的自用飛機。

可想而知，有好的開始，這樁大生意自然有了著落。

這位銷售權威何以知道梅伊總經理會駕駛飛機？當然是因為在上門拜訪之前，早已先做過調查。

霍依拉心想：「如果我是一天到晚都忙著做生意的總經理，聽見有人還繼續談商場上的那一套，一定感到心煩。我得換個方法，另闢蹊徑。」就憑著這一招，他成功創下了廣告招攬額的最佳紀錄。

如果事先調查不出對方的興趣，該怎麼辦？沒關係，只要問他：「您在閒暇的時候，都做哪些消遣呢？」以此切入，同樣可以套出對方的嗜好。

不過，要採用這項策略，你本身需要具備一項條件，那就是興趣、愛好廣泛且普遍，不論談些什麼都能應答如流，如此一來雙方才可能聊得投機，各項要求自然而然地能夠順利被達成。

當然，想要把話說得更巧妙，是一門博大精深的心理學，掌握對方的興趣嗜好和心理狀態只是其中的要點之一，必須以更多說話技巧輔助。

貝爾就曾經說過：「一句話往往再加上幾個字，就可以讓別人原本不想聽的話，變成別人願意聽的話。」

的確，有時候一句話往往加上幾個裝飾字之後，就可以更巧妙地傳達自己原本想要表達的意思。譬如，當你想指出別人的錯誤的時候，如果試著話在語之前加上「以下我準備說的話，完全對事不對人」，那麼，相信別人就比較能夠虛心地接受你的指正。

口才可以說是現代社會必備的競爭資本，「把話說得更巧妙，把意見滲透到別人心裡」，更是商業社會的成功之道，唯有具備良好的說話能力，才能在劇烈的競爭中遊刃有餘。

細心研讀說話的各種技巧，掌握對方的心思後加以靈活應用，會使你更迅速擄獲人心，也更順利達成自己的目的。

懂得說話，就不會尷尬

在任何場合開口說話時，一定要三思而後言。古人常說的「禍從口出」，就是因為不考慮清楚就隨意開口，為自己惹來了麻煩。

作家貝佐茲曾說：「成功者和失敗者最大的不同就在於，成功者懂得如何把難說的話說成好聽的話。」

的確，當你跟別人溝通之時，要把難以開口向別人說的話，或是不怎麼好說的話，說成別人想聽的「好話」，確實是一門高深的溝通藝術，重點就在於你是否懂得用別人喜歡的方式包裝那些話。只要你能依照這個原則，再怎麼難說的話，就都能變成一句句動聽的「好話」。

在人際交往的場合中，有些狀況會令對方相當尷尬、難堪，甚至因此惱羞成怒。會造成這種情況，多半是說者不考慮時間、地點，說出不合場合的話語，結果即便說者是好意，也會惹得對方不愉快。像不合時宜的安慰話語就是如此。

例如，辦公室裡有位女同事談戀愛受挫，好不容易鼓起勇氣向對方告白卻被拒絕，心裡相當傷心難過。

她的性格內向又不善言談，也就沒有向他人袒露內心的秘密。公司裡一個與她很要好的同事見她愁眉不展，在得知原因後，就當著眾人的面安慰她說：「那個人有什麼好？憑妳的條件，一定可以找到更好的！」

可是，話還未說完，那名失戀的女同事就跑出辦公室了。這時，她才發覺在這樣的場合中，這樣的安慰話有些不妥當，可是對方已受到傷害了。

幾句安慰話倒成了彼此間尷尬的原因，由此可見，即使說安慰話也要考慮對方的性格，更要考慮時間和場合的問題。

對性格內向的人，不宜在眾人面前直接給予安慰，尤其是涉及別人的隱私時，更不宜在公開場合安慰對方，以免「走漏風聲」。總而言之，在說安慰話時，還得隨不同對象而有不同的應對方式。

另外，有一些人在說話時，總是直來直往，易惹人生氣、把事情搞砸，這是因爲這類人缺乏場合意識的關係。

他們對人很誠實，談論事情時往往只從個人主觀感覺出發，以爲只要有話就應該說，心裡有什麼嘴上就說什麼，不管什麼時間、地點、場合都是如此，結果常常冒犯了人，自己還不知道問題出在哪裡。

例如，有兩個老工人平時愛開玩笑。若有幾天沒有見到彼此，一見面就會說：「你還沒死呀？」通常對方也不計較，只回說：「我等著你送花圈呢！」兩個人相對哈哈一笑了事。

後來甲工人因重病住院，乙工人去醫院探望他。結果一見面就說：「你還沒有死呀？」這一次，甲工人馬上就發火了，生氣地說：「你滾出去！」

這是因爲對方正生病住院，心理壓力很大，結果乙工人又對著憂心忡忡的病人說「死」，對方怎能不反感、惱怒？

就算乙工人沒有惡意，只是想逗對方開心，只可惜他缺乏場合意識，開玩笑弄錯了地方，才使得對方不愉快。

在任何場合中開口說話時，一定要三思而後言。古人常說「禍從口出」，就是因爲不考慮清楚就隨意開口，爲自己惹來了麻煩。尤其在商場上活動的人，每天見面的人更多，彼此間的利益關係又複雜，更要有場合意識，養成「三思後言」的好習慣。

人際關係傑夫曾經在他的著作中如此寫道：「想要說好難說的話，嚴格講起來，一點都不困難，問題就在於，你是否懂得先站在別人的立場著想，再來說那些難說的話。」

如何說話是一門高身的學問，但只要你懂得在開口向別人說難說的話之前，先站在對方的立場設想，那麼，接下來不論從你口中說出再如何難堪的話，聽在對方的耳朵，也就比較不會那麼刺耳。

善用談話技巧獲取他人好感

若能把握各種談話方式，在各種交際應酬場合適當地運用，會讓口才更加出眾，也能加深他人對自己的好感。

身處商場中，就免不了各種交際應酬的場合，尤其是身爲領導者的人，面對這類場合的機會更是多。應酬的對象可能是客戶，可能是一同合作的廠商，也可能是自家公司的同事或上司，但不論對象是誰，這些人對你在事業上的成功與否，都有一定的影響力。也許能因此拉到一個大客戶，也許能藉此加強合作夥伴對自己的好感，甚至可能因而得到升遷的機會。

因此，應酬的技巧是成功人士必有的一項技能。

成功的應酬技巧，是指在各種場合中都能應付自如，其中最重要的就是談話的技巧。若能把握各種談話方式，在各種交際應酬場合適當地運用，會讓口才更加出色，也能加深他人對自己的好感。

以下列出幾種常見的談話方式：

一、傾吐式

這是最強烈的情感和思想交流方式，它是以說話者對聽者的強大信賴為基礎，將自己的喜、怒、哀、樂以及種種打算與計劃全部告訴對方，讓對方幫忙評判這些想法。在這種談話方式中，自己擁有說話的主動權，對方多半是被動地反應，他或許會受到激勵而奮發進取，或許能得到教導而悔過自新，或許會因此敞開心扉，伸出熱情的友誼之手。

二、靜聽式

與傾吐式相反，靜聽式是在被動中贏得主動，特別是在把握不了對方思路的時候，靜聽的方式能幫助自己爭取時間、理清頭緒。

靜聽不代表就是靜止不動，而是要隨著對方的情緒與談話內容，或點頭、或微笑、或做個手勢與面部表情表達自己的想法，並引起對方的注意，以引導談話的方向，對方也可以在這些簡單的示意中得到安慰或力量。

三、判別式

在交談中，抓住對方談話的空隙，恰如其分地插話，以表達自己的看法，這有益於促進思想與情感的交流。

值得注意的是，評判要適時、適度，如果粗暴地打斷對方談話或不負責任地妄加評論，只會損害自己的形象，造成往後交流上的障礙。

四、啟迪式

談話對象有伶牙俐齒和沉默寡言之分，因而交談方式也應有所區別。

若談話對象拙於言詞，就要循循善誘，多方面進行啓發，好讓對方吐露心聲。交談時，一定要注意用詞造句的柔和與婉轉，或拋磚引玉、或旁敲側擊，切不可急躁從事、大放厥辭。

五、靈活式

在非正式的場合中，主題單一的談話是很少見的，多半是一些人聚在一起閒聊，沒有固定的題目和目的。鑑於這種情況，談話時要注意話題的轉換，並且透過不斷地變換話題，找出大家都感興趣的話題來談。在這類型談話中，千萬不可不顧他人興趣，只談自己有興趣的話題。

六、間休式

就像中篇小說要分章節一樣，耗費較長時間的談話也要注意間歇休息，因為體力上的疲憊往往會導致思維混亂，精力充沛則有助於談話的成功。所以在較長時間的會談中，要有適度的休息。但是在間歇時，不要使氣氛變得尷尬或難堪，可以一同看看報刊、聽聽音樂、下下棋，這都能保持原有的融洽氣氛。

七、加強式

這是對判別式談話的補充。交談時，雙方可能都會說出一些不太成熟的想法，有不少人對此漠然看待，這實在不是正確的態度，因爲有一些新奇獨到的主意可能因此被埋沒。

正確的做法應該是，密切注意對方提出的新觀點，同時多動動自己的腦筋，共同進行一番創造性思考。透過彼此交換意見的方式，使對方的觀點更加成熟、更加完善，從而使雙方都能受益。

以平常心對待，談話就不會失敗

在與名人來往時，對待他們就要像對待平常人一樣。只要有了這種正確的觀念，自然就不會恐懼慌張。

與名人說話時，不要有害羞畏怯的心情，只要能眞正表達出內心的意思，就能與任何名人開口說話。

有些人對名人只會一味地附和、奉承，這樣是不會令對方愉快的。其實，只要語氣誠懇，措辭和說話態度都得體合禮，他就會對你留下良好的印象。

要把名人視爲一位有血有肉的人來對待，對他提出一些能夠表達感情的問題，但不要把他視爲超人。他像任何人一樣，敵不過疲倦，也擋不住傷害，甚至可能比你更脆弱，而且與你一樣害羞。不要認爲名人眞的就如藉以出名的職業或形象一樣，事實上，雖然許多名人向公眾傳遞出信心、睿智、仁慈、滑稽或性感等形象，但那往往是裝扮出來的。

當你同時應付兩位名流時，不要只顧著你所敬仰的那一位，而置另一位於不顧，這會使他們兩位都不自在。此外，如果你想持續和他們交談，那你必須保證話題是他們二位都能參與的。

在這類交際場合中，即便你對某一位名人並不熟悉，而且在經過介紹之後仍想不起任何與他有關的事蹟，你也不能對他有所怠慢。必須一視同仁，對所有名流表達出同樣的熱情和友善。

不喜歡說話的名流，包括外貌滑稽而似乎容易親近的喜劇演員在內，他們在舞台上已經笑到了極限，因此在真實生活中，往往再也無法發揮幽默了。

作家、詩人、畫家、音樂家等等從事創作性工作的人，雖不大喜歡說話，但這些人往往對政治乃至於宗教各種方面都有廣泛的興趣。他們在社交場合中也許不太活躍，但多有啟發人們思想的獨到想法。

因此，想和這些人談話必須有耐心，不要輕易動怒，也不要太熱情，保持溫和、冷靜和體貼的態度。

名人們也有自己私人的嗜好。比如有的名流很關心學校教育，他們可能有些百年樹人的改革大計；還有的名人會利用業餘時間鑽研某一人物。若事先知道這些消息，可以預先做點談話內容的準備。如果對方是位知名度很高的名人，那麼，你可以向有關方面的人多加打聽。

名氣普通的名人總是生活在情緒不穩定的狀態中。內在的恐懼，使他們特別脆弱敏感，別人稍有怠慢就會激怒他們，他們也容易顯得傲慢。然而，他們絕對需要你的尊重和順從，而且名氣越小，對於親切、尊重的需要也就越大。

對待褪了色、過氣的名人時，最好採取迂迴戰術接近他，彼此間的開場白應當是積極的，儘量避免消極的開場白，例如：「你最近空閒下來是怎麼打發時間的呀？」或是：「很久沒有見到你在公眾場合露面了，你去哪啦？」或是：「這麼久沒有在舞台上露面，會不會覺得無聊呢？」

這些話等於當頭潑他一盆冷水，也可以預見接下來的談話不會多愉快了。

在多數情形下，與名人談孩子是不會錯的。你可以問對方有幾個孩子？多大了？孩子讀的學校好不好？教學方式如何？如果你也當了爸爸或媽媽，那麼，你就更具備和他們談論孩子的資格。

但是，對於這類話題還是要多加小心，不要將話題扯得太遠，不要顯得在挖掘對方隱私，要適可而止。

在與名人來往時，最重要的就是不要忽略了他們也是人這一點，對待他們就要像對待平常人一樣。他們也有歡樂、有悲傷、有缺點、有怨恨、有驚恐，是和平常人一樣有感情的，並不因爲有了地位就不再是人。只要有了這種正確的觀念，那在與大人物打交道時，自然就不會恐懼慌張了。

善用「公關」打造良好形象

公關語言除了要優美生動，還必須傾注真摯而充沛的感情。只有心中裝滿誠摯的感情，說出來的話語才可能感動人心。

所謂「公關」，就是指與形形色色的人打交道。最重要的，就是要透過種種方式、手段，加強自己在公眾面前的良好形象，因此，「公關技巧」可說是每位領導人不得不研究的一項學問。

一般而言，公關語言的藝術性主要體現在以下六個方面：

一、幽默的力量

幽默是一種藝術，可以用來增進自己與他人、組織和公眾之間的關係。使人從令人發窘的問題中或尷尬的時刻裡脫身，化陰暗爲光明、化干戈爲玉帛。

據說，某位企業領導人到香港創辦新公司之時，由於他的投資行爲受到各方重視，因此一下飛機就有大批記者要採訪他。其中一位香港記者毫不客氣地問：「你這次帶了多少錢來？」

這名領導人一見發問者是位女士，便答道：「對女士不能問歲數，對男士不能問錢數。小姐，妳說對嗎？」

一句話即迴避了問題，又具有幽默感。比起支支吾吾地掩飾，或是擺起架子、板起臉孔地拒絕回答問題，這種善用幽默的回答方式不知強了多少倍。

二、豐富的辭彙

公關語言要運用準確生動、富有表現力的辭彙，這樣可以激發公衆的熱情、喚起公衆的想像，並得到公衆的信賴。

因此，公關人員必須掌握大量的辭彙，善於運用同義詞、近義詞的轉換，能嫻熟地運用專業詞語、成語、俗話。當然，這些知識要靠平時廣爲蒐集、認貞儲存，這樣到了需要運用詞彙時，這些知識就會源源不斷地湧入腦中，信手拈來、隨意脫口而出，就能增加語言的風采。

三、形象的修辭

公關人員還必須熟練地掌握和運用各種修辭手法，以增強語言的具體概念。貼切的比喻能啓發別人的聯想與想像；適宜的設問、反問能引起他人的好奇心；流暢的排比能激發公衆的熱情；適時的反覆和強調能加深他人印象，產生更好的效應。若能善用種種修辭，就能使大衆對你所要傳達的內容印象深刻。

四、變化的句式

爲了加強表達效果，還須注意句式的變化。在公關活動中，可用單句，也可用複句；可用陳述句，也可用感歎句；可長短句交錯，也可倒裝、前置。句法參差不同，才能加強語句的強度與活潑性。

五、和諧的節奏

說話時，要注意音量、音質、音色，若是頻率過高，會使聲音刺耳，惹人不快；若是頓率過低，會令人沉悶欲睡。

說話語調要有抑揚頓挫、高低起伏，才能吸引聽者的注意力與興趣。

六、真摯的感情

公關語言除了要優美生動，還必須傾注眞摯而充沛的感情。有口話說：「只有在心中裝滿了蜜，口中的言語才會甜。」以此類推，只有當心中裝滿誠摯的感情，說出來的話語才可能感動人心。

公關語言除了具有以上這六個特點之外，由於公關語言多半帶有一定的目的性，因此必須遵循以下這四項原則：

一、通俗易懂原則

公關詞語首先要讓人聽得懂，因此忌用一些冷僻、晦澀的詞語，否則會造成溝通和交流上的障礙。

明朝人趙南星寫的《笑贊》裡有這麼一則故事。一秀才買柴時說：「荷薪者過來。」賣柴者因「過來」二字明白了秀才的話，就把柴擔挑到他面前。秀才又問：「其價如何？」賣柴者因明白「價」這個字，於是說了價錢。但秀才又說：「外實而內虛，煙多而焰少，請換之。」賣柴者不知秀才在說什麼，便挑擔而去。這則笑話中的買賣過程，也可看作是公共關係中的口語交往過程，因選用的詞語不通俗，對方聽不懂，所以這些話語無法達到溝通的效果。

二、典雅原則

公關話語要通俗易懂，但並非是要用俚俗、粗鄙的詞語。

公關人員的談吐和言語格調會直接影響他所代表的組織形象，因此應選用典雅的詞語，以給對方良好的印象。比如，「有空再來看看」就不是適當的公關語言，應該說「有機會的話，歡迎再次光臨」。

三、詞語色彩中性化原則

在公共關係交際中，一般應採用不強調褒貶的中性詞語，以縮短自身與公眾間的心理距離，好達到溝通的目的。比如宣傳產品時，既不應貶低其他廠商的同類產品，也不能「老王賣瓜」地自賣自誇，否則會引起公眾的反感。

四、恰如其分原則

說公關話語時，要把握好遣詞用句的分寸，不要過分，防止語意走向極端。例如，適度的讚美可使對方愉悅，但過分了，只會適得其反。

改變稱呼方式就能改變彼此距離

若想改變自己與對方之間的距離，不論是想拉近彼此的關係或是要疏遠對方，改變稱呼方式都是有效的做法。

俄國傑出哲學家、作家赫爾岑曾經說過：「生活中最重要的是要有禮貌，它比最高的智慧、比一切的學識都還重要。」此話雖有些偏頗，但禮貌確實是所有參與社交者必備的基本美德之一，我們應高度重視「禮貌」的作用力與影響力。

想和不熟的人進一步接觸時，叫對方名字可說是最直接、有效的辦法。受員工愛戴的董事長或是受學生喜歡的老師，多半都是善於記下對方名字的人，這也是集體面試時，必然會遵從的原則。

集體面試是就業考試時，常用來面談的一種方式。這時候，負責面談的這一方，由一個人負責對五六個人面試，幾位應徵者以圍繞面試者的方式坐下，應徵者前面會放置寫上名字的牌子。

在這種場合中，面試者在提問時，必然會叫對方的名字，像是：「某先生，對於這一點你覺得如何？」「某先生，你的意見如何？」「某先生，以你的立場而言，你覺得應該怎麼辦？」等等。

被叫名字的應徵者會覺得自己和面試者之間的距離縮短，所以能輕鬆說出自己的想法。以這種方式瞭解應徵者的內涵，即是集體面試的目的。

那麼，若要把這種心態應用於拒絕對方請求時，又該怎麼做呢？

通常和對方的心理距離越接近，就越難開口說「不」，因此若想拒絕對方，就不要直呼對方名字。

另外在商場上，對於初次見面的人，通常會互相交換名片，大多數人會把新拿到的名片放在眼前，這也是一種禮節。這樣在接下來的談話中，就能稱呼對方的名字，讓談話進行得更順利。

相反的，若是你不喜歡對方，不想讓這個人接近自己，不想跟對方展開談話，那就不要接受對方的名片。要是已經得到對方的名片了，也不要看名片內容，如此才能有效地拒絕對方。

同時，要以「那位先生」等不叫名字的方式來稱呼對方，以此來維持自己與對方之間的距離，這樣一來，對方多半會知難而退。

總而言之，在商場的人際交往上，若想要改變自己與對方之間的距離，是不是直呼其名會產生很大的影響。

不論是想拉近彼此間的關係，或是要疏遠對方，改變稱呼方式都是最直接又有效的做法。身為企業領導人，不可不明瞭這一點。

說話能力決定你的競爭力

與其說推銷語言是一門技術，倒不如說是一種藝術，因為一句話可以讓人跳，也可讓人笑。

美國口才專家鮑特說：「在注重自我行銷的商業社會裡，說話已經成為專門藝術，說話的能力決定一個人做成多少生意。」

的確，具有良好的口才，表達能力強又彬彬有禮的人，必然是商場上的常勝軍。如果你想成爲成功的傑出人士，就必須掌握「把話說進心坎裡」的應對藝術，鍛鍊自己的說話能力。

口才是現代社會必備的競爭資本，「站在對方的角度說話」更是商業社會的成功之道，唯有具備良好的說話能力，才能在商業社會遊刃有餘。

一位剛進入某百貨公司服裝專櫃任職的女店員，雖然工作之時笑容可掬、和氣親切，業績卻始終不怎麼樣。

她始終不明白，為什麼經過的人多、看的人少，更糟糕的是，往往她一開口介紹，連那些挑挑揀揀的人都馬上放下衣服離開。

主管也同樣感到疑惑，特地找一天前來專櫃實地了解。

不久，一位衣著時髦的少婦走來，對著穿在模特兒身上的洋裝，躊躇再三，似乎有些心動。那位專櫃小姐一心想要趕快促成生意，便上前說：「這件衣服銷路很好喔！光是今天一早，就賣掉了好幾件。」

沒想到適得其反，那位少婦一聽，扭頭就走，心想既然大家都買，要是穿出去撞衫多麼尷尬，還是算了吧！

一段時間之後，又來了一位中年婦女，拿起一件設計新潮的背心，似乎相當中意。專櫃小姐見狀，馬上又勸說：「這件衣服很有特色，一般人恐怕還穿不了呢！上市之後，一件都沒有賣出去，看來就是適合您這樣的人啊！」

那位中年婦女一聽，竟以為對方在挖苦自己，立刻漲紅著一張臉，氣鼓鼓地快步離開。

爲什麼這位敬業的專櫃小姐做不成生意呢?說穿了，就在於說話技巧太差，完全不懂得「站在對方的角度說話」。

若是無法摸清顧客心理，不能因人而宜、恰如其分地打動人心，絕對不可能達到理想成績。言語的影響力遠比想像來得大，可以說，一件商品或一項服務的加分減分，往往都與售貨員的說話技巧脫不了關係。

身爲服裝專櫃的售貨員，若是逢人就說：「這件衣服您穿上去，一定更顯年輕。」或許可以滿足部份顧客的虛榮心理，但也可能不知不覺中得罪部分實際年齡並不大的顧客。

所以，與其說語言的運用是一門技術，倒不如說是一種藝術，因爲一句話可以讓人跳，也可讓人笑，端看運用是否高明。

如果不能掌握顧客的心理，不能針對他們的需求切入，無法做到「見什麼人，說什麼話」，便難保不會說出「讓人跳腳」的糊塗話。

面對不同的景況和不同的交談對象，運用最正確的說話態度和語言技巧，往往可以幫助我們快速達成目的。相反的，如果無法掌握說話藝術，非但浪費唇舌，無法達成自己想要的目的，還可能造成彼此誤解，衍生不良後果。

不要以爲說話沒什麼了不起，口氣往往決定你的運氣。細心研讀並靈活應用說話藝術，會增進你的競爭力，使你成爲一個精明的商人、出色的推銷員、成功的企業家，談成別人談不成的大生意。

只要時常模擬現代社會中各種常見的場景，勤加演練，就能用正確的方式增強自己的應對能力，增添自己的魅力與說服力。

讚美，讓語言更甜美

善用語言的藝術，可以有效提升自己的推銷技術，鞏固人際交往，但也要小心別誤觸對方的「地雷」。

美國總統林肯曾說：「每一個人都喜歡被讚美。」

身為一位店員或推銷員，或者企業經營者，只要你想做成生意，那麼看到客戶所做的某一件事或所得到的成就值得讚美時，一定要馬上提出來，並且告訴他們，你非常欽佩與讚賞。

要知道，對顧客的成就、特質、財產所做的所有讚美，等同提高他的自我肯定，讓他更感到開心，並增加對你的好感和滿意度。

說一些讚美的話，用不了太多時間與太多精力，可以達到的效果卻超乎想像。不過幾秒鐘的時間，人與人之間的關係與情感就能夠大大增進，甚至是一百八十度的完全扭轉。

眞心的讚美，可以由以下幾種方式著手：

1. 稱讚顧客的衣著。

「我很喜歡你的領帶，搭起來眞有品味。」

「你穿這件毛衣眞好看，襯得氣色非常好。」

2. 稱讚顧客的孩子。

「您的兒子眞是可愛，而且非常懂事呢！」

「您的女兒好漂亮，她今年幾歲啦？上幼稚園了嗎？」

3. 稱讚顧客的行為。

「對不起久等了，謝謝您的體諒，您眞是有耐心。」

「自備購物袋嗎？唉呀！您眞是太有環保概念了！」

4.稱讚顧客自己擁有的東西。

「這輛車保養的眞好啊！出廠很多年了嗎？完全看不出來呢！」

「從這頂帽子看來，您一定是洋基隊的忠實球迷吧！」

以上幾種形式的讚美，往往可以讓顧客感到高興，進而建立起自己的好形象。另外，讚美時，要注意以下細節，避免收到反效果：

1.必須要有實際內容。

沒有實際內容的讚美，聽來會像是嘲弄。比如只說「您好偉大喲」，卻不說原因爲何，就顯得酸溜溜，容易令聆聽者不快。

2.從細節開始。

與其只說某件衣服很漂亮，不如明確地說出漂亮在哪裡，例如「這身衣服很好看，尤其是下襬剪裁，很有修飾身材的效果」，就是一種高明的稱讚。

3.切合當下的環境。

若當時天氣很熱，顧客因爲衣服穿得太多而猛冒汗，一臉狼狽，你就絕對不能說：「哇！這件衣服多漂亮啊！」

人性共同的弱點是期望獲得別人讚美、欽佩、尊重，因此，說話的最高藝術，就是運用話語替自己創造運氣。只要你掌握人性的共同弱點，將自己的話語裹上一層糖衣，既可以激發對方內心潛在的慾望，更可以滿足對方渴望獲得認同的心理，順利地達成自己的目的。

善用語言的藝術，可以有效提升自己的推銷技術，鞏固人際交往，但與此同時也要小心，別觸犯那些顯而易見的禁區，或誤踩對方的「地雷」。

善用誘導讓顧客掏出腰包

採用誘導式的說話方式，目的就在於讓顧客不感到壓力與排斥，在根本不自覺的情況下，乖乖掏出腰包，將鈔票送到商家的手上。

一般而言，推銷員推銷商品的過程，只有一段短短的時間。在可能不過數分鐘的時間裡，你說出的話若能留住顧客並打動他的心，生意就算成交；留不住，買賣自然也就吹了，什麼都不用再談下去。

此外，在市場競爭中，該如何突出自己，把顧客吸引到身邊？答案很簡單，就是與眾不同的鮮明語言。一切的一切，都在要求推銷人員以具強烈誘惑性和渲染色彩的方式對顧客說話。

試著學習從言語中抓出重點，是提升說話技巧的好方法。

你可曾注意過？在大清早的市場上，魚販子的喊叫最初可能是「來買活魚，全都是新鮮的喔」，並設法極力突出「新鮮」二個字。但是，到了下午，眼看即將收攤，則可能變成「快來買呀！別地方沒有的便宜價錢唷」，此時，則在突出便宜這個重點。

推銷過程中，採取「誘」的技巧方式有很多，基本說來，可分為「層層誘導」和「定向誘導」兩種。

・層層誘導

層層誘導，是指業務員根據顧客的購買心理，掌握推銷導向，不斷誘惑人的一種發話技巧。

無論是選擇逛商店、看電影，很多時候往往是因為情緒的驅使，而非一定基於什麼特別的購買目的。當這一類的潛在消費者上門，最好適時送上一句：「歡迎看看喔！不買也沒有關係。」

邊這樣說，邊拿出商品展示，引發更進一步了解的興趣。

然後，當顧客開始試穿或試用的時候，一定得再補上幾句得體的誇獎，諸如：「這顏色多適合您啊！襯得氣色非常好。」

從心理學的角度來看，人都喜歡接受他人的尊重與讚揚，推銷過程中，適時的奉承可以使顧客感到滿足。這時，伺機告知價格，並表示正有優惠活動，將可望激起購買慾望。

若是順利成交，別忘了再說上一句：「您眞有眼力，很識貨啊！」

層層誘導的發話藝術，必須遵循一個原則——不讓對方感受壓力，輕輕地、一層一層地推動，誘入推銷導向，促使完成購買行動。

●定向誘導

定向誘導，是指店員有目的地誘導顧客，以做出定向回答的技巧。

例如，有一家專賣漢堡的早餐店，因爲生意很好，特別雇用了兩名店員。其中一人在接待顧客時，會問：「請問您要不要加雞蛋？」

另一人則不同，他會問：「請問您要加一個蛋，還是兩個蛋？」問話的方式不同，造成的結果就會完全不同。哪一個店員能買出較多的蛋，達到較高的銷售成績呢？答案幾乎不言可喻。

第二種發話方式，就屬於標準的「定向誘導」。

「要不要加雞蛋」這一句話充滿了不確定性，而「加一個還是加兩個蛋」正好相反，有非常明確的定向，可以有效誘導顧客，提高擴大銷售的目的。

說話要看對象，當然也要看情況。

採用誘導式的說話方式，目的就在於讓顧客不感到壓力與排斥，在根本不自覺的情況下，乖乖掏出腰包，將鈔票送到商家的手上。

PART 7

技巧性接話
有助於套出真話

附和對方的語意，他便會迷失在想說的話當中，

甚至誤以為那就是自己談話的中心，

而毫不忌憚地繼續說下去。

技巧性接話有助於套出真話

附和對方的語意，他便會迷失在想說的話當中，甚至誤以為那就是自己談話的中心，而毫不忌憚地繼續說下去。

懂得說話技巧，就沒有打探不出的秘密。

想要使談話成功，令對方屈服，就要想盡辦法誘使對手多開口，才能打探洩漏出來的情報，達成意外的效果。

這就必須盡可能地附和對方，以降低戒心。

日本知名播音員高橋圭三，就是位「附和對方」意見的高手，在此引述一段他和歌星村田英雄的談話：

村田：「我剛剛加盟NHK公司的時候，經濟情況比較拮据。有天錄音結束得較晚，他們派司機開車送我回家。那是輛最時尚的轎車，坐在車裡非常愜意，可是想起我寒酸的住所，如果讓他們看到了，實在不像話……」

高橋：「他們沒有把車子停在你家門口吧？」

村田：「是的，我就怕這樣，幸好我靈機一動，想起自己家隔壁是一棟富麗堂皇的洋房。」

高橋：「於是你有了妙計，對嗎？」

村田：「沒錯，轎車開到那棟洋房時，我就馬上對司機說：『到了，就是這兒，謝謝！』」

高橋：「因為夜深了，你沒請他進去坐一會兒。」

村田：「對，我正是這麼對他說，你怎麼知道的？」

從這段對話，可以清楚看出高橋圭三如何引導對話的進行，讓村田英雄說出了難於啓齒的過去。

每句話或提示都很短，但都預先附和了對方的語意，這就是聰明的地方。善用技巧性接話，就沒有打探不出的秘密。

對於任何人，不論對方的名氣有多大，只要懂得附和對方的語意，他便會迷失在想說的話當中，不僅無所迴避，甚至誤以爲那原本就是自己談話的中心，而毫不忌憚地繼續說下去。

這種說話術沒有別的訣竅，完全在於站在對方立場，鬆懈對方的警戒心，使他感到備受重視，心情愉快，自然就滔滔不絕地說下去了。

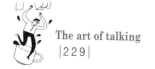

針鋒相對使人無言以對

對方提出詰問，必定希望你依照他的目的來進行，一旦發覺你的回答完全是針鋒相對，就足以令他手足無措、無言以對了。

二次世界大戰以後，日本保守派最傑出的謀士三木武吉，幫助鳩山一郎順利當上首相，才華蓋世、機智絕頂的表現令人爲之讚佩，可是他總難逃女人的引誘，緋聞一直不絕。

三木武吉晚年，有一名婦女團體的代表前來拜訪，很不客氣地詰問：「三木先生，您的一舉一動都能影響國家社會，如此情況下還和兩個名女人搞七捻三，這到底是怎麼一回事？」

三木武吉聽了卻一臉無所謂，淡淡地回答說：「才不止兩個，可能您想像不到，我現在正跟五個女人有關係、有往來呢！」

這位婦女代表愣在當場，無言以對。

他繼續說：「這五位女士在我年輕時處處照顧我，現在她們徐娘半老，甚至老態龍鍾了，我當然應該在經濟上幫助她們，並在精神上支持她們。」

這位婦女代表一聽，不但不再責怪他，反而感佩萬分。

同一時期，擔任日本勞工運動主持人的太田薰，說話技巧也非常高，比起三木武吉毫不遜色。

有一次，鋼鐵勞動聯盟組織推派一位代表拜訪太田，說他不該如此畏畏縮縮，並嚴厲指責他領導的勞工運動無法為工人爭取福利。

太田立刻反駁：「你們以為美國的勞工聯盟全被右翼份子把持嗎？他們即使發動大罷工，最後也僅能熄火待命。你們呢？言論表現如此激烈，可是又有什麼真正成績？」

大聲叱喝之後，這位代表當即閉口，以後再也不敢來囉唆。

三木武吉和太田薰之所以能在盤詰之下立刻還以顏色，有效封鎖對方的攻勢，讓他們知難而退，原因不外乎下列三項：

- 全盤了解對方的目的
- 考慮自己的目的
- 調節兩者的進行順序

對方提出詰問，必定希望你依照他的目的，依循某些規則來進行，一旦發覺你的回答完全是針鋒相對，有排山倒海之勢，自然會感到手足無措、無言以對。談話時，適時亮出自己的底牌，是掌握主控權的好方法。

明槍比暗箭更難防

單純明快的理論最容易讓人中計上當，即使後來發現自己被迷魂陣欺騙，卻已經措手不及，喪失最佳的反擊時機。

談話是促進人際關係的有聲媒體，也是情感交流的手段，互訴心聲的工具。但是，正如同水能載舟，亦能覆舟，它像一把「兩面刃」，經常將人導入錯誤的判斷或紛爭中。

美國過去有位最得人緣的政治家，名爲戴恩將軍，但也以好色聞名。某次發表競選演說時，一名聽衆因爲不滿他的私生活，竟當衆責問他的不檢點。沒想到戴恩只靠三言兩語，便使對方啞口無言。

聽眾：「將軍，您的意見我都贊成，但請您少玩弄女人好嗎？」

將軍：「是這樣嗎？請問這位先生，您是不是堂堂男子漢？」

聽眾：「是啊！我當然是。」

將軍：「那麼，如果有位極漂亮的女孩子要你愛她，你忍心拒絕嗎？」

聽眾：「這個……」

將軍：「我相信你同樣不會拒絕的，是吧？」

戴恩採用的是「趣味邏輯」三段論法——男人愛女人，你是男人，所以你也喜歡女人！在這段簡短的對話裡，戴恩巧妙地避開了「道德」問題，僅就男女之間的喜悅進行討論。

此類單純、明快的理論最容易讓人中計上當，即使後來發現自己被「三段論法」的迷魂陣欺騙，也已經措手不及，喪失了最佳的反擊時機。

政治家們就經常利用這種方法攻擊對方的弱點，所以我們常常可以聽到某些要人在分析一個極爲重要的問題時說：「這個問題有三項重點：第一是……第二是……第三是……」

輕描淡寫地分析了整個問題，聽者往往被搞得昏頭轉向，誤以爲事情眞的如此簡單，殊不知它並不是只有三點而已，很可能有第四點，而這個第四點，才是問題的眞正核心。

可見，明快的理論方式，最容易使人受騙上當。

若無法直接解決一個問題，也可藉一段引言沖淡問題的嚴肅性，再導引聽者步入錯誤的判斷當中，同樣是取勝的好方法。

謠言越誇張，越能讓人緊張

> 謠言牽涉的範圍越大，往往越具説服力，由於不能得到正確的情報，以致產生了不安和恐懼。

一九四二年五月，日本政府利用前線軍事吃緊、二次大戰正打得激烈時，進行了一項有關謠言流傳的實驗。

日本軍方和警視廳急欲知道國民對政府發佈之消息的不信任程度，以及謠言流傳的速度和過程，於是派人散佈謠言。

有一天，在札幌車站，來了兩個目光銳利的男子，兩人在候車室裡聊天，忽然神秘地向其他候車者說：「我剛剛看到一個美國大兵，身穿紅色的斗篷，腳上卻穿了日式拖鞋……」

事實上，這兩名警視廳派出的便衣刑警，正在利用自身巧妙的演技，悄悄地把這個「謠言」傳播到周圍乘客的耳朵裡。

二十四小時以後，這則「謠言」竟然傳到了首都東京。

當時由札幌到東京的行車時間正好是二十四小時，可知那班車的乘客就成爲謠言的搭載者，以每小時四十三公里的速度將訊息傳播到首都去。

人人都知道，德國納粹首腦希特勒是二十世紀最大的謠言家，他有一句千古不朽的名言：「謠言越大，越使人深信不疑。」

究竟何謂謠言？

謠言即是具有特定目的，且以煽動人心爲意圖的意見交流。因此越能加深恐懼和不安的謠言，越能獲取對方的信任。

由於不能得到正確的情報，以致產生了不安和恐懼。謠言之所以能蠱惑人，便是巧妙地利用了這個弱點。

流言和傳說，可謂謠言的「手足」。流言的性質，限定對公共性問題，缺少事實的根據。傳說則是朋友之間的情感交流，較欠缺流言的共通性。但不管怎麼說，這三者的本質是相同的。

學者波斯曼是研究流言的權威，曾指出：「流言的強度與感染性，視事情的重要性與曖昧性決定。」

因此，不論是流言、傳說，或是謠言，牽涉的範圍越大，則越具說服力。所謂「範圍」，指接受者持有的關心態度，或針對所受影響的程度深淺。

任何公司或組織面臨人事異動，或政治大選到來，通常是謠言專家活動最頻繁的時候。對於自己非常關心但尚未明朗化的事情，必須分外小心謹慎，否則，也許上了謠言家們的當還不自知呢！

用聽不懂的詞語設騙局

將某種事情描述得像是真的有那麼一回事，就會令人難以分辨真實性，進而達到矇騙他人、擾亂視聽的目的。

日本文學泰斗芥川龍之介，曾「矇騙」過廣大的讀者。

芥川龍之介在《奉教人之死》這一小說裡，一而再，再而三地提起一本名叫《雷根達歐雷阿》的稀有古版書。

全日本立刻掀起搜尋這本古版書的熱潮，書店的電話響個不停，瘋狂的讀者、經營古書店的老闆們，全都著迷於追尋那本古版書的下落。

但問清眞相之後卻教人洩氣了，因爲事實上，除去《奉教人之死》，芥川龍之介本人以及任何一位專家學者們，從來沒有提過這個名字。

原因無他，《雷根達歐雷阿》只不過是個「騙局」，純粹是芥川龍之介個人一時興起的捏造而已。

事實上，他本人做夢也不會想到這一招竟然能夠掀起軒然大波。

東方人似乎或多或少都有崇洋的心態，任何東西只要被標上外文，便像是鯉魚躍龍門般高貴起來。芥川龍之介這位文學大家，就是運用一般人的這種心理，巧妙地「騙人」。

夏目漱石於《我是貓》一文中，描述主角苦沙彌遭到小偷光顧的情形：

警察：「你們有什麼東西被偷？」

「和服腰帶被竊。」

「共值多少錢？」

太太不知道，苦沙彌先生隨便說了一個數目。

想不到太太卻堅持：「不止值那些錢！」

結果夫妻倆吵了起來，苦沙彌一怒之下，大聲喝道：「妳自己都不知值多少錢，怎麼知道不是那個價錢？妳真是個『歐多均・巴諾歐卡斯』！」

一下子，太太停止了叫嚷，連警察也愣住了，因為他們聽到「歐多均・巴諾歐卡斯」這個從未聽過的辭，難以分辨那究竟代表什麼意思，氣焰自然消弱，喪失了還擊能力。

事實上，根本沒有那句外來語，完全是苦沙彌自己隨口亂說而已。

將某種事情描述得像是眞的有那麼一回事，就會令人難以分辨眞實性，進而達到矇騙他人、擾亂視聽的目的，這是把話說得更妙的絕招。

藉不同形象造成混亂印象

在同一時間內，用多種不相同的形象記號，使人得不到統一的印象，將可把對方的記憶和思考全都攪亂。

有一位政治立場態度曖昧的政客，提到某位老政治家時說：「這位老先生在政治舞台上真是個不倒翁，一直位居顯要。」

聽到這段話的人，通常會有兩種印象：

一、這是位勤政愛民、憂國憂民的偉大政治家。

二、這是位長袖善舞，政壇的卑劣政客。

在國會或地方議壇上，你是否注意到執政者多做諸如此類的答辯：「這個問題確實刻不容緩，但也必須要好好考慮，仔細研究才行。」

你是否會因此被這位政客迷惑？

既然是有燃眉之急的重大事件，爲什麼不立刻處理？

「好好考慮」、「仔細研究」，不是在拖延時間嗎？

這句話確實很有問題，當中的意思互相矛盾，技巧地混合了事物的兩面，擾亂聽者的判斷，使人如墜入五里霧中。

在一同時間內，用多種不相同的形象記號，使人得不到統一的印象，將可把對方的記憶和思考全都攪亂。

莎士比亞在名著《亨利四世》中，有一段描寫霍魯斯塔這個匪黨決定金盆洗手的場面。但事隔不久，他的夥伴哈魯遜力邀他再幹最後一票不法勾當時，他竟然立刻應允了。

別人問他何以如此不守諾言，想不到霍魯斯塔卻這麼回答說：「哈魯遜對我說：『去吧！去吧！這是我們的職業。人若不忠於自己的職業，那眞是罪過呀！』因此，我就去了。」

哈魯遜把搶劫當成職業，把兩個性質完全不同的形象記號連結在一起，成功地使霍魯斯塔喪失正確的判斷力，於是再次選擇同流合汙。

芝加哥某報社曾經如此介紹一位英國上議員：「他是一位得到兩次最高榮譽的上議院議員。」

但在隔天卻又說：「他是左翼勞工無黨派組織所選出的上議院議員。」

這麼一來，讀者們對這位英國上議員失去了統一的印象，他的身價自然會在無形之中被貶低。

有些職員口口聲聲說要辭職不幹，可是在工作上卻比以往賣力，意圖使競爭者對他失去注意力，也是基於同樣的道理。

藉不同形象混淆印象，是用言語避開危機、傷害對手的有效策略。

以話語擾亂判斷力，最具威力

日常生活中，很多慣用語都在下意識裡隱隱含著中止思考的效力，並能積極地擾亂對方的合理判斷。

心理學家說，人類思想的固定形態，往往會在日常的應對談話中表現出來。「沒辦法」、「不得已」這類認命的語氣，會擾亂對方的判斷。

只要稍一細想就會發現，同一型態的習慣語還有「還不是老樣子」、「這都是命啦」、「一切都是注定的」……等等。

有位心理學家曾舉出了一個「既往不咎」的故事，其中認命似的話語，便明顯妨礙了合理判斷。

一個小鎮上的理髮店裡，一位正等著理髮的客人忽然發現錢包不見了，找了一會兒總算找到了，但裡面的錢卻少了五百元。

客人心有不甘，指著一位理髮師，硬說是他拿走了錢。理髮師無端受到指控，又憤怒又委屈，結果鬧上了法庭。地方法院負責調停的先生對雙方說：「既往不咎，算了！算了吧！這點小事，既往不咎！」

事情最後真的算了，不了了之，雙方言和，好像整件事從來沒有發生過。

但事件中有許多疑點並沒有得到澄清，諸如理髮師的清白並沒有證明，問題沒有被解決，五百元還是沒找到。

「既往不咎」這句話明顯具有某種魔力，把原本應該追究的事輕輕帶過，雙方都被這句話洗腦，不知不覺中停止爭執，不再繼續追究下去。

日常生活當中，很多慣用語都在下意識裡隱隱含著中止思考的效力，並能積極地擾亂對方的合理判斷，值得好好運用。

「現在式」讓言語更真實

現在式聽來現實、新鮮、具體、深刻。不斷地反覆重疊使用，印象會越來越鮮明，令人分辨不出真假。

有一個滿肚子草包，長相也很醜陋的男人，卻能行遍天下，無往不利。原來他的妙招在於憑著自己的三寸不爛之舌，說出完全是「現在式」的話，表現出肯定的意旨，讓對方產生錯覺，帶給人們絕對的「現實感」。

下面便是他說過的話：

「直達車要在這裡設站，而且附近還有計程車招呼站，平坦的柏油路一直鋪到每一戶的門口，每十公尺裝一盞路燈，瓦斯管和自來水管全部都已經安裝好，住在這裡真是方便、舒服極了。」

這段話中，不僅沒有過去式，也沒有未來式，更沒有假設語氣，全部是肯定、平鋪直述的現在式。

現在式聽來有種活生生的感覺，現實、新鮮、具體、深刻。不斷地連續使用，反覆重疊，帶給對方的印象會越發鮮明，令人分辨不出眞假。

對於這種感性的交流，女性的抗拒心理多半不會太過於強烈，現在式的表現法，正可以在她們身上大行其道。

大多數女性並不喜歡冒險，比男人現實得多，對於確保目前的狀況，遠比對於未來預期的幸福更加重視。因此，對她們講話，一定要表現出具體肯定，不能總是模稜兩可，更該避免欠缺實證的推測假定。

讓任何聽話的人都「覺得」你說的話實實在在，而不多加疑慮，就是使對方深信不疑的小秘訣。

援引實例最有說服力

用爭論駁倒對方，雖然在理論上獲勝，但卻難使人心服；從例證著手，最能引動情感，讓他人對於你的意見或說法欣然同意。

有一位旅遊書作者這輩子都沒有出過國門，卻寫了本《海外旅遊指南》，並且還十分暢銷。

知道這件事的同行大為嫉妒，有一天故意對他說：「你哪裡都沒去過，怎麼能寫這種書呢？不是擺明了在騙人嗎？」

他的回答相當出人意料：「從沒去過巴黎的日本散文名家×××，寫出的《巴黎指南》不也是人人愛讀，不忍釋手嗎？」

這種有先例可循的答辯，最能使人知難而退。

用爭論駁倒對方，雖然在理論上獲勝，但對方即使口服，卻難以心服；從例證著手，則最能引動情感，讓他人對於你的意見或說法欣然同意。

有位作家在荳蔻年華時完成許多篇戀愛小說，篇篇華麗曲折，章章絢爛細膩，風靡成千上萬的少女。

對此，有位評論家毫不客氣地提出批評：「她自己仍然待字閨中，怎麼能夠如此大膽地寫出夫婦之間真實的生活？」

她得知這則評論之後，立刻反駁：「如果依照您的意思，那些描寫囚犯經歷、敘述帝王奢華生活的作家們，一定進過監獄，當過皇帝了！」

這位評論家啞口無言，從此不敢再啟戰端。

這位作家引用一個事實俱在的例子，和自己的立場相提並論，任何人在同視兩者之後，當然獲得相同結論，這就是她的聰明處。

連說帶演，效果更明顯

推銷商品時，先讓顧客們盡情嘗試，再以動聽的言語打動，是征服不安和懷疑心理的妙招。

有的問題，僅憑三寸不爛之舌還是難以說明白，這時候，就該採用實物、圖片、模型加以說明示範，以求充分展現商品魅力。

生動的演示配上動人的言語，將使推銷更具吸引力和說服力。

一位推銷員走進客戶的辦公室，打過招呼以後，指著一塊沾滿污垢的玻璃，有禮貌地說：「請允許我用帶來的清潔劑擦一下。」結果，由於毫不費力便把玻璃擦乾淨，立即引起了客戶的興趣，一筆生意自然手到擒來。

一個推銷員是這樣演示自己所推銷的產品：

「太太，請您注意聽一聽。」他一面說，一面掏出打火機點火。

「能聽到打火機的聲音嗎？聽不清吧！這台的縫紉機發出的聲響，就和這個打火機的聲音一樣大。所以，您根本無須擔心，我們公司所生產的縫紉機，無論品質或功能都堪稱獨一無二。」

以打火機點火時的聲音比喻，說明自家縫紉機聲音極小的優點，從而吸引顧客點頭購買，是生動且高明的招數。

某公關諮詢公司的章先生，到傢俱商場去推銷一項計劃，一張口就吃了「閉門羹」，經理直接拒絕了邀請。儘管尷尬，章先生卻只是笑笑說：「沒關係，那我就當您的顧客，走走逛逛吧！」

經理不能不表示歡迎，於是帶著他四處參觀。看過所有商品之後，章先生指著一張進口床，詢問銷路如何，經理歎道：「不怎麼樣，可能因為是新品牌吧！顧客最開始總是不太敢下手訂購。」

章先生一聽，立刻出了個「點子」：在樓梯口放一張床，再豎立告示牌，上面寫著「踩斷一根簧，送您一張床」。

經理也覺得很有趣，便高興地照辦了。

結果，顧客進店先踩床便成為該商場最特別的「銷售即景」，人們聞訊而至，爭相蹦踏，笑聲不息，效果可想而知。

幾天之後，經理主動宴請章先生，表示願意加入公關計劃。

美國化妝品女王艾絲蒂，一九六〇年代致力於擴展歐洲市場，卻總是不斷被那些高級商店拒絕，相當不順利。

一天，她來到巴黎拉德埃百貨公司門口，正好遇到下班時間，購物的人潮摩肩接踵。眼見機不可失，她當即狠下心來，把隨身攜帶十多瓶「青春的潮氣」香水全部倒在地板上。很快，百貨公司內便香味撲鼻，芬芳四溢，許多顧客都被吸引過來，艾絲蒂趁機以三吋不爛之舌展開介紹，大肆宣傳。

她的舉動引起了人群中一位記者的注意，便在第二天的報紙上寫了一篇專門報導。從此，艾絲蒂的香水在巴黎名聲震響，一路暢銷。

透過這些例子，我們可以歸納出一個結論：推銷商品時，先讓顧客們盡情嘗試，再以動聽的言語打動，是征服不安與懷疑心理的妙招。

PART

8

摸透人心再開口

說服之前，必須了解對方。

付出的心力越大，設想越周密，

話就能說得越好，

成功的機率自然更高。

說話不得體，傷害的將是自己

想法和行為必須要一致，如此才能夠帶給別人和諧的感覺，他們才會願意聽你把話說完。

討厭一個人，並不一定需要在言辭上聲色厲疾，大聲吆喝，很多時候可以使用「口是心非」戰術，表明自己的不快。

有一位出名的花花公子，每次打算與同居的女子分手，總是這麼說：「我喜歡妳，妳眞是個好女人。」

口頭上雖然濃情蜜意，表情卻是冷冰冰的，對方聽了就明白這段關係該告一段落，必須悄然引退。

日本知名作家吉行淳之介，對於由「口是心非」戰術引起的不愉快，有一個比較突出的解釋：「所謂的不愉快，並不是當你蹲在廁所裡方便時，被一位妙齡女郎猛然推開門的那種錯愕，而是當你孤單一個人投宿旅館時，聽見一陣敲門聲，接著走進來一位類似應召女郎的妖艷女子。她雖然連聲說：『對不起，對不起，我走錯房間了。』可是卻一直賴在房裡不走，那才是真正的不愉快！」

運用「口是心非」戰術，就在於造成強烈不快感受。

這無異是一種內在和外在的相互衝突，足以引起對方精神上的震驚和不悅，並造成效果長遠的震撼。

當有聲的語言和無聲的想法相互矛盾，便是種不誠實的行爲，女人最討厭面對這種態度。

對於女人，應用此類戰術多能奏效，幾乎萬無一失。

但是這方法不能過度使用，用多了會讓自己迷失本性，等到人人都以爲你就是這種人時，必會受到大眾唾棄。

《推銷員須知》的第一章，開宗明義地說：「說話時要不斷注意自己的聲音，聲音如果太小，客人聽不清楚，如果太大聲，說不定客人會把嚇跑。」

這也正提醒我們想法和行爲必須要一致，如此才能夠帶給別人和諧的感覺，他們才會願意聽你把話說完。

語言的心理戰術，要善自爲用，更應得當使用，如此才能夠幫助你打好人際關係，成大功、立大業。

切記，如果使用得不得體，將足以完全毀掉你自己。水能載舟，亦能覆舟，說話之前，少不了謹慎三思。

誘導用得巧，生意自然更好

假若你是推銷員，能不能熟練地運用「誘」的技巧，達成目標？如果沒有把握，請從現在開始揣摩，並訓練自己。

讓顧客不知不覺、心甘情願地購物，正是誘導技巧的高明處。

日本豐田汽車公司旗下的一名推銷員，在美國底特律汽車市場，面對一群徘徊猶豫的顧客，是這樣說的：「現在油價居高不下，買轎車當然不怎麼合算。說老實話，我上個月才為此買了一輛自行車，打算以後靠騎車上下班，省下那一筆嚇人的油錢開支。」

「買車之後的第二天，我便興沖沖地跨上它，往辦公室出發。沒想到路程竟然比想像遙遠許多，花上整整兩個小時才到公司！我的天哪！一進辦公室，我就癱在桌前，根本沒有力氣走動。」

「熬到下班，又是一場折磨的開始。全身骨架已經跟散了一樣，拖著沉重的腳步走到門口，才想起還得要頂著風騎車回家去。那個當下，我傷心得簡直想要大哭一場。」

「於是，我明白了一個真理——無論如何，一台代步的轎車都絕不能少。既然如此，那就買省油的車吧！本公司的車向來以省油出名，而且價格便宜，絕對是最實惠的選擇。」

一席話說得顧客紛紛稱道，銷路由此大增。

又例如，某一天，一位客人來到一家繡品商店，想要為新婚的好友購買一床繡花被面作為贈禮。

對著店內五彩繽紛的繡花被面看了半天後，他終於挑中其中一床繡有一對白頭翁的被面，但再仔細一瞧，又顯得有點猶豫，自言自語說：「這一對鳥很漂亮，但就是嘴巴太長了一點，感覺像是夫妻吵嘴，不太適合。」

店員聽到後，立刻笑瞇瞇地說：「您看見了嗎？這兩隻鳥的頭頂是白的，象徵夫妻白頭偕老。嘴巴之所以伸得長，是因為牠們在說悄悄話，相親相愛的表示，很喜氣的。」

這位顧客一聽，頓時放下心中的石頭，連連點頭說道：「有道理，有道理！」高高興興地掏錢買下了這床繡花被面。

汽車推銷員用自己的切身經歷誘導顧客，具有很強的渲染力，難怪大家願意當買轎車的「傻瓜」。一床繡花被面，顧客愛不釋手，但對構圖心存疑慮，店員適時進行定向誘導，扭轉顧客心中的既定認知，自然說得對方點頭稱是。

以上兩個故事，都是「把話說到對方心坎裡」的最好例證，聽來雖然再簡單不過，卻含有相當的技巧。

假若你是推銷員，能不能熟練地運用「誘」的技巧，達成目標？

如果沒有把握，請從現在開始揣摩，並訓練自己。

摸透人心再開口

說服之前，必須了解對方。付出的心力越大，設想越周密，話就能說得越好，成功的機率自然更高。

與人交流溝通過程中，免不了會碰上意見分歧的時候，這就是對雙方說服能力高低的最大考驗。

說服之前，需要先花費相當的精力去熟悉和了解對方，盡可能將相關資訊收集完備，精心選擇適合的說服場所，仔細尋找最合宜的時機，擬定最可能被接受的說服方法。

準備階段的工作成效，會直接關係到說服的效果。

在準備階段，主要應做好以下幾項工作：

‧掌握資訊

要說服一個人，首先需要弄清楚他究竟在想些什麼，他苦惱的原因是什麼，他的認知層次水準大概在什麼樣的程度。

只有先掌握說服對象的想法，才能觸及他們的內心，達到目的。說服者應妥善運用平時觀察分析累積的經驗，透過調查、走訪、察言觀色，掌握第一手材料，一舉解決問題。只要思想資訊的傳遞管道保持暢通，必定能夠理解對方的想法，進一步走進神秘的心靈殿堂。

但在深入細緻的了解過程中，不能排除獲得的材料屬於道聽塗說的可能，所以不可完全被獲得的資訊所左右，而要輔以多方面驗證分析，從眾說紛紜中，做出最符合實際的歸納判斷。

‧摸清情況

希望自己說出的話達到效果，必須了解聽話者，摸清他的思想素質、文化素養、性格氣質、社會關係和生平經歷。

一個人的思想情緒不是憑空產生的，除了一定的客觀原因推波助瀾，還與本人的素質、經歷乃至所處的環境有直接關係。

爲什麼同樣一件事，在某個人身上不產生任何反應，換到另一個人身上，卻成了天大的問題呢？

一言以蔽之，完全是由人與人之間的差異性所造成。

明白了這個道理，就能理解「全面掌握說服對象」的重要。

1. 思想素質方面，主要應摸清對方屬於哪個層次。
2. 文化素養方面，主要應知道對方的教育程度。
3. 性格氣質方面，應了解平時的脾氣和性格屬於何種類型。
4. 社會關係方面，應了解相關的家庭人員構成情況。
5. 生平經歷方面，應弄清楚影響重大的事件。
6. 經濟方面，應儘量設法獲取與個人收入、家庭經濟來源、生活水準相關的確實資訊。

・抓住焦點

把握住與說服對象之間的意見分歧點，才能達到「有的放矢」，讓雙方的思想相碰撞並迸出火花。準確抓住焦點，你的思想觀點才能融入對方的思想觀點，從而如願進行深化或者改造。

・設想對策

說服，不可能完全按照自己預先設計的思路，一帆風順地向前發展，多會由於種種原因導致梗阻出現。所以，說服之前既要充滿信心，又不可盲目樂觀。爲了順利地達到說服目的，必須在行動展開之前，自我設計幾種假設的障礙及破除對策，演練至熟悉爲止。

・確定方法

上述情況的了解，是確定整個說服工作採用何種方案的依據。

確定說服方法，既要考慮到對方的心理特點和承受能力，又要考慮自己對不同說服方法的駕馭能力，找出最適宜者。

大體上，確定以某種方法爲主的同時，還要多準備幾種方案，萬一情況突變，就立即調整。行動之前，需要花費相當大的精力去熟悉和了解對方，這是不可免的。付出的心力越大，設想越周密，話就能說得越好，成功的機率自然更高。

不但口服，更讓人心服

說服別人，光是自認為理由充足還不行，更要掌握對方的心理特點與需求，達到心服口服，一切任由你做主。

有些人認爲，說話只是一種單向行爲，你覺得呢？

在美國，曾盛行過一種形容人際關係的「槍靶理論」，認爲說服者等同於舉槍打靶者，被說服的對象理所當然就是槍靶，只要做到槍舉靶落，「砰」的一聲，讓目標應聲倒下即可。

但事實證明，這種理論是荒唐的，它不夠周全，因爲純粹的、單方面的說服並不能使人口服心也服，不算是一種好的說話技巧。

究竟該如何著手，才能使人心甘情願地接受你的意見？

探究問題的答案，可得出下列幾項必須注意的要點：

●不要威脅對方

說服者往往認爲自己是好心，是從對方的利益出發，並沒有威脅的意思，但眞正付諸言語就不是那回事了。

媽媽對孩子說：「你不多穿件衣服，等下就凍死在外面。」

孩子一聽，馬上回嘴：「凍死就凍死，不要妳管。」

媽媽的勸告是出於好心，得到的卻是逆反結果，正是因爲話中透露出的威脅意味讓孩子無法接受。

「如果你再不申請參加球隊，我們就不要你了。」

試想，面對這種話，正在考慮加入的人會如何回應？想必會大感不快地回絕道：「那正好，我根本就不想參加。」

●讓你的觀點中有他的一份

說服過程中，營造出「身處同一陣線」的氣氛，成功率較高。

例如：「你曾說過抽煙不好，也勸過我不要抽煙，不是嗎？既然如此，爲什麼現在卻要抽煙呢？」

使對方產生錯覺，彷彿不是別人在說服自己，而是自己在說服自己。如此一來，被說服者所擔心的「投降」壓力解除，任何話自然都好說。

如果想說服一位失戀的朋友不要自卑，千萬不要找一個總能順利縱橫情場的人出馬，因爲這種接近本身就反襯了對方的痛苦，導致「飽漢不知餓漢饑」的抗拒心理產生，必定收到反效果。

改找一位剛從失戀煎熬中站起來的朋友與他談，就容易達到目的，使他接受勸告，因爲彼此處境相同。

• 尊重人格

進行說服，可多用討論、提問方式，切記不要涉及過度尖銳的評論，更不可揭人隱私。話要講得彈性些，給自己修正的空間，不要講死。

簡單說，就是做到「對事不對人」。

語言中應避免出現「你應該」、「你必須」之類的詞語，多用商量的口氣，如「我們討論一下有幾種解決方法」、「能不能有更好的辦法呢」等等。

這種說話方法的巧妙處，在能使對方於不知不覺中更客觀地看待自身，避免情緒障礙。

●讓對方把處境的困難講出來

急於求成、急功近利是說服者的常見心態，而被說服者的心境和處境，則相對地常被忽略。能否體諒被說服者的心境，就是成敗關鍵。

冒失的說服者總是一開頭就強調對方的錯誤，嫺熟說話藝術者則不然，必定會先讓對方將心中的矛盾、苦惱講出來。

研究資料表明，凡是願意將困難或不滿講出來的人，他的心扉實際上已經敞開，準備接受幫助，相對的，沉默不言則是拒絕一切的表現。

●避免讓對方反感

說服的方法不對，非但不能解開僵局，更會使聆聽者產生敵意。

這種情況的發生，多導因於談話間表露出不滿或厭惡情緒，也可能是說服者操之過急、逼人太甚。所以，不希望糾紛越演越烈，首先要避免以上兩種容易激起敵意的態度。

另外，當對方的情緒過分激動時，對是非的判斷力、意志的驅動力都會變得「模糊」，處於抑制狀態。

這種情況下，任何「強攻」都難奏效，不如暫停說服工作，讓彼此冷靜一下，釐清思緒，換個時間與地點再開始。

心理學研究發現，某一件事在頭腦中形成強烈的刺激反應，一時無法抑制，但睡了一覺後，情緒便會淡化，這就是「睡眠效應」。這也證明了一個道理：適度停頓，對扭轉認識、穩定情緒有很大幫助。

說服別人，目的是使人跟自己走，光是自認爲理由充足還不夠，更要掌握對方的心理特點與需求，達到心服口服，一切任由你做主。

古希臘哲學家蘇格拉底認爲，他從來沒有要教訓別人什麼，只像一個靈魂的催生婆，幫助人們產生自己的思想觀點。說服者必須掌握「催生」的藝術，也唯有達到如此境界，才稱得上是眞正的說話高手。

提高說服力，從「七大竅門」開始

任何人都希望能輕鬆地說服他人，但千萬不可誤解說服的本意。它與饒舌之間的差別，絕不僅止於十萬八千里。

留意週遭，必定會發現一種現象：有的人不費口舌就自然具備說服力，而有的人即使滔滔不絕，也找不到願意洗耳恭聽的聽眾。

因此，應該建立一個正確觀念：說服力高低並不取決於能否能言善道，而決定於能否適時說出適當的言辭。

當然，有人天生就具有說服力，但是一般來說，說服力是靠後天的經驗和努力培養出來的，且能夠藉認真的進修、訓練，得到有效提高。

以下，提供提高說服力的「七大竅門」：

●掌握要點和難點

大部分人都希望能有力地說服他人，在短時間收到效益，但能眞正掌握「要點」的人卻非常少。與其一味威脅或否定，倒不如明白告訴對方「如果不這麼做，公司就會有危險」、「這樣會給大家添麻煩」、「如此才可以拓展前途」、「必須拉攏他加入我方的陣營」，如此才符合說服的初步需要。

切記，想不費吹灰之力就說服對方是不可能的，必須徹底檢討自己的意見，表明最低限度的要求。若抓不住意見的重點，不但無法說服對方，反會招致反擊，最終不得不知難而退，無功而返。

要是無法將該說的話明確地表達，一開始就心生膽怯，擔憂著「我眞的能順利說服對方嗎」或「萬一遭到拒絕該怎麼辦」，甚至認爲「對方說的也有道理」，就已失去了獲勝的契機。

說服的基礎不夠穩固，必定想不出「有效說服對方」的手段和方法。在談話展開前先檢查談論的內容是否必要，釐清自己的思緒，然後再開始進行說服，才可能事半功倍。

・掌握對方心理

不考慮對方，只單方面談論自己的事，不但無法打動人，反會顯得疏遠。因爲從感情與理性兩方面來說，強迫性做法會使人在感情上產生不悅，脫離要點則會導致理性上無法理解。

想要讓自己更會說話，首先需要訓練的是「靜聽」。任何人都希望站在說服者的立場，不喜歡被人說服，更有甚者認爲被說服是一種恥辱。若不能使對方保持平靜，消除壓迫感，說服不可能成功。因此，與其自己一股腦地發言，倒不如聽聽對方的想法，從談話內容中謀求進一步了解。

給予對方發表意見的機會，可以緩和緊張氣氛，進一步使他對你產生親切感，更重要的是，能從談話中抓到說服工作的著力點。

那麼，要如何才能讓對方發表意見？

成功的案例告訴我們，不妨先誘導談論感興趣及關心的話題，這對掌握心理有相當大的幫助。抓住被說服者喜歡的話題，或者最切身的問題，由此找出關心的目標，深入探究，他自然會道出自己的看法，吐露出重要內容。

●周密的論證

不能夠具體表明的要點，不具備說服力。同理，不得要領的要求，也無法得到期望的效果。

對他人有所期望，希望達到目的時，必須藉周密論證確保正確了解。有些時候，雖然下命令的人知道自己的意思，執行命令者卻不了解，可想而知，結果必定不會太理想。在工作方面，說服他人之時，要具體地提示計劃、說明理由、內容、完成日期及要求的成果，不如此提出，就很難說動對方去辦，再怎麼激勵，他也不知從何下手。

人之所以會有積極意願，是因爲得到充分發揮自身能力的機會。唯有將才智與能力發揮到極致，才能體會到工作的意義。

• 發揮他人才智

使對方發揮才智，首先須告知他想知道的事。若欠缺確切的指示，必定會因爲處在不明事理的情況下，導致不滿，破壞和諧。

主動告訴對方「你的立場是……，你的行動是……，最後的目標是……」明確給予提示，並要求「我想借助你的智慧，請務必盡力」，說服到此地步，多能有效鞏固意願。

越了解情況，越有助於融入，做起事來更容易。例如，明示對方「這件事的結果是」、「你下次應該這麼做」等等，把自己想獲得的結果具體明確地告知，同時應在明示的過程中，應做到廣納建言，提高整體的參與意識。

如此，才能稱之爲周密的說服。

• 引導對方

說服，就是懇切地引導他人，按自己的意圖辦事。

如果不以懇切的態度進行說服，只想藉暫時的策略瞞騙，或許一時能收到效果，但絕對無法使說服者與被說服者間得到長久的和諧。

當說服者暗自高興「成功了」時，被說服者卻感到「上當了」，絕對是最拙劣的說服方法。

•讓步

懇切地引導對方，使得到了解與滿足，這時，雙方的滿足度約各爲五十％，若是期望被說服者再做些許讓步，必須相應地讓他得到更多滿足感，否則非但無法達到心服口服的境地，甚至根本無法談攏。

說服，必須得到令雙方都滿意的結果，否則不算成功。

換句話說，說服者必須讓對方認爲「哼！這次是因爲我讓步，他才能成功地說服我」，如此的滿足感，就是懇切引導的最好效果。

爲此，說服者在達到目的後，應主動、積極向被說服者表示「眞謝謝你」、「沒有你的幫助我就完了」、「你如此幫我忙，我會銘記在心」等，以實際行動滿足對方的虛榮心。

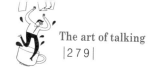

‧建立信任關係

有的人在說服時，會特別用親密的態度或語言接近對方，但因為太過刻意、虛假，不僅無法達成目的，還引起戒心，甚至受輕視，排斥，得不償失。

要知道，信任非常重要，只想以自己的方便操縱對方，遲早會受到孤立。有意與人交流，建立並維持信任是必不可少的條件。

信任的關係，寓於日常生活中。得到他人認同，且自認不辜負他人，將有助於建立信任，達到圓滿的說服。

任何人都希望能輕鬆地說服目標對象，尤其是擔任領導職務者，但千萬不可誤解說服的本意。要知道，它與饒舌之間的差別，絕不僅止於十萬八千里。

做一個能和上司談判的好員工

談判當然不僅靠專業知能，更要靠其他各方面的素養展現，要求的是一個人的綜合素質。

在進入本文以前，請先設想以下情況：

某名員工在心裡憋了一肚子不滿，某天，終於在衝動之下鼓起勇氣，闖入老闆的辦公室，氣勢洶洶，怒不可遏，脫口說出一句：「老闆！我要和你談判！」

接下來，會發生什麼事？

你可能以爲接續的情況是這樣：老闆一開始顯得驚魂未定，有些不知所措，定了定神之後，才以討好的口吻請那名員工坐下來好好談，陪著笑臉，一面拍著他的肩，一面勸道：「別生氣嘛！有話慢慢說……」

最後，老闆欣然採納了員工的意見，承認自己的錯誤。

仔細想想，這真的可能嗎？

這絕對是一廂情願的想法，成真的可能性極低。畢竟，老闆如果有那麼容易被說服，員工也就不會有如此大的怨氣，更不會氣得跑去當面談判了，不是嗎？

身為員工者，一定要建立一個正確觀念：在衝動狀態下和老闆談判，輸家往往是自己。如果老闆本身是位談判高手，未等展開攻勢，早以三寸不爛之舌取得勝機，逼得員工灰頭土臉、鎩羽而歸。

與老闆談判的原則是什麼呢？很簡單，就是不求必勝但不能慘輸，至少也要達到和局。

在這一原則指導下，為員工者必須熟悉「談判五大基本要素」，才能踏出成功的第一步。

●完美的策略是致勝的後盾

談判絕對不能在衝動下進行，否則必定失敗。

要深思熟慮，在冷靜中擬定策略，當作自己的武器。談判的問題越重要，花在擬定策略上的時間也應越長。

沒有策略，或是策略輪廓模糊，將免不了在談判過程中迷失方向。失去方向以後，言語會變得蒼白無力，縱使雄辯滔滔，空洞的內容也難擋老闆的銳利辭鋒，落居下風。

●預留迴旋餘地

和老闆談判之前，必須摸清對方的底細、揣測各種可能的回應情形，並據此制定應對策略。

此外，也要讓自己做好心理準備，實際和老闆談判時，很可能會發現所有的預定策略派不上用場，因爲老闆的見識閱歷與員工不同，思路往往不能被完全掌握，意料之外狀況的發生，理所當然。所以，必須預留迴旋空間，才不至於在被逼到角落時驚慌失措，給老闆可乘之機。

如果發覺自身處境尷尬，說服老闆讓步已經不可能，不妨這麼說：「透過剛才這一番談話，我想通了，怪我年輕識短，想得不夠周全，若有冒犯到您的地方，還請原諒。」

這樣說話，老闆想必不會過度責怪，說不定還覺得你敢於犯顏直諫，又知錯能改，是相當不錯的人才。

留有迴旋餘地，最主要在不可於談判過程中把話說絕、說死、說滿，斷了自己回頭的路。

例如，最好不要說：「如果你不能滿足我的要求，我就辭職」、「我是不會讓步的」，因爲這無疑於自掘墳墓。如果老闆本就對你不滿，正好藉此機會給你「顏色」，逼你走路，到頭來倒楣的還是自己。

‧收集準確而豐富的情報

和老闆談判，內容通常不僅止於個人私事，極有可能和單位的其他同事，或是同公司的其他部門相關。因此，只要碰得上邊的，你都必須要求自己徹底了解，收集完善的情報，從公司政策、同事態度、工作成敗到對手的觀念等，全都不容輕忽。其中，與談判主題直接相關的，更是越詳細周全越好。

情報當然會隨著局勢變化，但只要你能下功夫確切掌握，並運用說話技巧妥善表達，必能表現出自身的不凡能力，給老闆留下良好的印象。

老闆很有可能會認爲你是一個有責任心的下屬，因爲如果不是這樣，你就不可能對公司的情況這麼熟悉。一個有責任心的人，當然值得重視。

●流利的表達能力

和老闆談判，首先要讓老闆理解你的看法，進而加以深入說明。所以，如何配合對方的思維，把自身看法準確傳達出去，求得充分理解，是決勝的關鍵。

口若懸河並非與老闆談判的必備條件，因爲你越是滔滔不絕地講個不停，就容易露出破綻，讓老闆抓住可乘之機。

你眞正需要做的，不是不加思索地將自己的想法說出去，而是要求表達清晰，保證思路的前後一貫，增強語言的說服力。

•藉談判機會展現自身素養

和老闆談判，並不等於和老闆吵架。你的風度、談判內容的深度，以及個人修養，都影響著談判的成敗。

若表現得體，縱使談判失敗，仍可望在老闆心中留下良好印象。

談判的內容越深，你的專業素養就要越高，光憑一些常識性的東西就想讓老闆「屈服」，無異於妄想。

談判當然不僅靠專業知能，更要靠其他各方面的素養展現，要求的是一個人的綜合素質。在談判中，你不僅要展現出對專業知識的熟練掌握，還要表現出彬彬有禮、有理有節、公正客觀以及大度寬容。

有力、有節，才可以取得最後的勝利。

以上這一切都要在言辭中表現出來，能夠確實做到，即使沒有全勝的把握，也不會相去太遠。

聰明化解反對意見

我們很難完全避免反對意見的產生，因此學習正確面對、化解，才是於談判桌上克敵制勝的最積極做法。

在談判過程中遭遇反對意見，可說是司空見慣的事情。確實，不論是多高明的談判者，都不可能一句不問就答應對方的種種要求，讓對方心服口服。

反對意見的出現，恰恰說明這是對方對問題感興趣或關心的一種表現，如果能適時給予滿意的答覆，就可望使雙方的關係由對立轉趨合作。

處理反對意見，可採用以下方法：

・反問法

簡單來說，就是對對方的反對意見提出質問。

一句簡單的「爲什麼」便足以使雙方的攻守位置顛倒，反攻爲守、反守爲攻，促使提出不滿的對手說明理由或原因，展現背後的眞正動機。

可以說，「爲什麼」是處理反對意見的最基本工具。

・引例法

借用已有、曾出現的事例，並加以活用，例如說：「許多人一開始都有跟你相同的想法（指反對意見），但在接受我方的建議後，都感覺情況有明顯的改善，所以請稍安勿躁。」

使用此法要注意，關鍵在於例證恰當且眞實可信，不僅從心理上打動對方，並給予驗證的條件和機會。

只要使用得當，這個方法將能有效克服由主觀因素差異導致的種種偏見或成見，避免發生衝突。

・移花接木法

也稱為「躲閃法」，首先在肯定對方的反對意見，甚至表示讚賞，然後再陳述自己的主張和見解，例如：「我完全贊同您的意見，但如果能加上這一條……，那就更理想了。」

這可以避免對方產生牴觸情緒，更容易敞開心胸接受他人的看法。

・充耳不聞法

又稱作忽視法、置之不理法。

談判進行中，對方可能出於心情或情緒不佳、不夠清楚等原因，提出一些與實質談判活動完全無關的意見，雖然不中聽，卻不等同於眞正的反對。對此無須太過介意，大可完全不予理會、不加反駁。

・正面回擊法

正面回擊，就是從正面直接否定對方的意見。

一般來說，這個方法少用爲宜，因爲難以讓對方接受，容易導致對立情緒產生。但若存心殺一殺對方的氣焰，就是最好的方法。

處理反對意見不是一件簡單的事情，應該力求表現得坦然、沉著、冷靜、謹慎，千萬不要給人恐慌、不耐煩、憤怒、漫不經心的感覺，以免收到反效果。從經驗歸納，可以得知必須滿足以下幾點：

1. 避免爭論

除非別無選擇或另有目的，否則不要直接了當地駁斥對方，進行爭論，因爲這很有可能使自己丟掉到手的生意，得不償失。

2. 辨析原因

分析對手提出反對意見的意圖，力求找出背後的眞正動機。

3. 歡迎反對意見

樹立一個觀念——談判的目的之一，就在答覆對方提出的反對意見。所以針對對手提出的疑義，應該表示歡迎、體諒。

4.認真嚴肅地傾聽

不管對方提出的反對意見是否正確，都要認眞地傾聽，全部了解之後再做回應，這種態度本身就是一種應有的尊重。

5.細心觀察，以防為主

對手提出反對意見是不可避免的，但也是可以預防的。最好能事先設法預知反對意見可能產生的時機與方式，做好充分準備，不給對方可乘之機。

6.冷靜回答

回答問題時，如果表現出憤怒、輕蔑、不可理解等態度，則不僅不能解決問題，還會更進一步加劇衝突。

因此，回答時要做到泰然自若、處變不驚、輕鬆愉快。力求說話有條有理、有評有據，並且避免囉嗦。

7.適度接受

有些反對意見只涉及次要問題，對主要討論事項沒有多少影響，這時不妨表現充分的理解，盡可能地同意對方的意見。

如此，既不造成實質損失，又使對手感到滿意，何樂而不爲？

反對意見的產生是一種正常現象，只代表對某種論點或事物的質疑，不等同完全否定。我們很難完全避免反對意見的產生，因此學習正確面對、化解，才是最積極做法。

排解得法，怨言不可怕

可以這樣說，能夠勇敢承擔並化解客戶的怨言，才能成為一位合格的行銷談判者。

身爲代表的你，免不了會在談判中聽見對手的一些怨言，必須承認，這是沒有辦法完全避免的事。

怨言的內容有很多種，可能是對品質、包裝、交貨期的意見，也可能是由服務不周、安排不當、辦事效率低、有關條件差距過大引發。有些抱怨是合理的，當然也有不合理的，有些是因爲一時感情激動導致牢騷滿腹，有些則是爲了企業的聲譽而提出。

無論如何，千萬不要輕忽談判過程中聽到的怨言，若是不懂得及時處理，最後將演變成難以跨越、具強大殺傷力的障礙。

一般來說，處理怨言的原則如下：

● 切忌感情用事

可想而知，對手在發出怨言甚至發怒時，情緒是非常激動的。此刻，他的心中充滿了不信任與不滿意，並且極度敏感，所以你絕對不能以牙還牙，感情用事。無論對方多麼激動，你都得要求自己冷靜以對，否則必定壞事。

● 耐心傾聽

對方既然選擇發出怨言，就說明了內心有不滿，若置之不理，將成爲妨礙談判進行的最大危機。因此，應該儘量鼓勵傾吐眞實想法，讓他藉毫無保留的吐露發洩心中所有不滿，從而得到某種滿足與安慰。

● 不要輕易下結論

在未證實對方說的話是否眞實，或者沒有搞清事實眞相之前，不要輕易下結論。即便對方的立論或陳述存在明顯謬誤，也應避免從正面直接批駁。

● 立刻處理

務求養成聽見怨言立刻處理的習慣，這是轉禍爲福的重要原則。若是碰上某些無法及時解決的問題，就要以坦白、誠懇的態度進行說明，使它變成促進雙方溝通的橋樑。

處理怨言的態度是否迅速，將直接對雙方的關係產生影響，千萬不可等閒視之，更不可以拖泥帶水。

● 寬宏大量

寬宏大量的態度有助於讓雙邊貿易關係或商業往持續，即使於某方面損失了一些，也可以設法由日後的商務活動彌補。該讓步時就讓步，不要因小失大，爲一點小問題中斷彼此的往來，造成始料未及的不良影響。

• **將心比心**

對待對方的怨言時，切記將心比心，實際從對方的立場去評估，而不要全部當成對自己的指責。

應當這樣告訴自己：事出必有因，既然有怨言，就代表某方面一定遇上了問題。即便微不足道，也要查出來。

對此，日本一家知名企業的營業部長曾說：**「每一次遇到表示怨言的顧客，我都會提醒自己，對方之所以抱怨，是因為對公司的製品與營業狀況產生興趣，因此願意站在顧客的立場，提出自己的想法。」**

「對於顧客的怨言，我向來都秉持虛心接受的態度，並設法從中得到一些訊息、學習一些東西。可以這樣說，能夠勇敢承擔並化解客戶的怨言，才能成爲一位合格的行銷談判者。」

• **不能簡單行事**

即便想要反駁對方的怨言，也只能婉轉提出，並充分說明理由，做到通情達理。你必須認清一個道理：要使對方接受你的意見不是容易的事情，除了耐心，更需要展現出誠意。

與此同時，也要建立正確觀念，千萬不可爲了討好對方，輕易做出根本無力兌現的保證或承諾，否則將傷害信譽，造成更難解的糾紛。

態度冷靜才能將詭計看清

成功的談判者必須具備極強的自控與應變動能力，同時懂得在遭遇逆境或對手有意試探時保持冷靜，以抓住勝利。

商務談判絕對不是單純、簡單的商業活動，其中包含的內容與象徵的意義，遠比一般人所想像更爲複雜。

談判大師李森生曾說：「談判，對參與者來說，是能力與智力的競技。要想立於不敗之地，不僅應當具有商人的手腕和政治家的風度，還必須隨時看穿各種虛假的威脅和暗藏的計謀，果決地做出適當反應。」

一般說來，要完成一筆生意，至少需要進行三次會談。第一次會談的主要目的，在摸出對方公司的安排、公司目標，消費習慣，以及決策者。第二次會談時，要提出運用第一次會談中所得資訊制定的方案。第三次會談的最大目標，則在瞄準關鍵人物，重述自己的方案，以加深印象。

對此，李森生進一步解釋道：「別以為第一次會談的結果根本不重要，事實正好相反，沒有什麼比它更重要了。如果不能在第一次會談就打下穩固基礎，第二次會談根本無從展開。」

未來的客戶絕對不會把自己的情況、要求、喜好等資訊列成一覽表，自動地奉送給你，不過隨著談話進行，他們會無意地流露出許多重要訊息。想要成爲談判高手，你應該隨時攫取身邊的有用資訊。

有一回，李森生應邀前往義大利米蘭，針對未來可能展開的商務合作，與當地企業德蒙公司進行磋商。

於米蘭市國際商廈下榻的第二天，德蒙公司的請柬就由總經理的女秘書親自送抵，邀請李森生於當日下午前往，進行一次初步的會談。

收下請柬，簡單換洗準備，並大致於內心估算可能面對的情況後，李森生便招來一輛計程車，朝德蒙公司的總部出發。

出乎意料的事情發生了——會談的進行遠比想像更不順利。

氣氛相當不好，許多名與會者姍姍來遲，一抵達便又說自己很忙，只能停留一下，十幾二十分鐘以後就得趕赴其他重要約會。狀況已經夠糟糕，不湊巧的是會議室的錄影機無法順利放映錄影帶，而德蒙公司的代表們竟連錄影機的管理者是誰都說不上來。

眼見情勢不利，李森生迅速掃視過全場，研判再繼續拖延下去對自己一點意義都沒有，當即站起身，朗聲向所有人說道：「這是不對的！我坐了十四個小時的飛機，千里迢迢從上海前來與貴公司進行商談，不該面對這樣的混亂狀況。我不願意慌張草率地決定任何生意，也不想再繼續浪費彼此的時間，今天就到此爲止吧！一切等貴公司準備妥當再談。」

「先生，請相信我，你並不會浪費時間。」突然，在座一位始終保持沉默的女士說話了，她介紹自己是銷售經理。「很抱歉造成困擾，從現在開始，我將代表德蒙公司做決定。」

對李森生來說，這是一項重大突破，因爲他成功找出了對方的負責人，知道了「焦點」所在。

果然，之後的談判進行得相當順利，很快就凝聚了一定共識。

回顧會談的進行，李森生最初受到十分冷漠的待遇，但他能控制自己的情緒，很快地抓住某些細節，冷靜且直接地向對方表明自己的失望，甚至輔以「最後通牒」，所以一舉扭轉劣勢，「逼」出眞正的決策者。

身爲知名的商務談判專家，李森生認爲，想要成爲一位百戰百勝的高手，除了必須適度讓身體與精神得到放鬆，保持最好狀態外，還必須注重內在素質、智能的培養。

因此，他始終致力於加強心理修養，對人對事保持樂觀心態，熱衷於參加社會活動，隨時隨地與不同類型的人進行互動。凡此種種，無不有效提高了對環境的適應力與抗壓性，幫助相當大。

李森生說：「一個人內在素質如何，自身水準的高低，都是影響談判的直接原因。要想獲得成功，除了需要一些技巧和方法外，還必須靠自己的積極努力，不斷提高自身內在素質。如此一來，才有辦法在大大小小的談判中處變不驚，自如應付。」

這番話點出談判者必須具備的一項重要素質——自控與應變能力。

談判過程很難步步順利，難免會發生意料外的狀況，遇上令人煩惱或不快的問題，甚至遭到對方的有意欺瞞，就如李森生的遭遇。想想，若談判者是一個脾氣暴躁的人，便極有可能因驟然爆發怒氣而破壞原有的冷靜；若是一個多愁善感的人，則可能鬱鬱寡歡，喪失鬥志，兩者都不足取。

成功的談判者必須具備極強的自控與應變動能力，同時懂得在遭遇逆境或對手有意試探時保持冷靜，審慎評估大局，巧妙地發揮言語威力，直搗核心，將計謀揭穿，抓住勝利。

a disgruntled politician and scholar born at the end of Qing dynasty. It was published in China in 1911, the year of the Xinhai revolution, when the Qing dynasty was overthrown.

Thick Black Theory

Thick Black Theory

Thick Black Theory is a philosophical treatise written by Li Zongwu, a disgruntled politician and scholar born at the end of Qing dynasty. It was published in China in 1911, the year of the Xinhai revolution, when the Qing dynasty was overthrown.

厚黑學

你不能不知道的領導統御厚黑權謀

完全使用手冊

領導統御

涉士比亞曾經寫道：

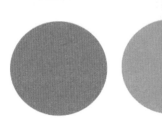

「建立豐功偉業的人,
往往藉助於對自己盲目崇拜
的人之爭。」

的確，所謂的英雄並非比平凡人優秀，
只不過他們懂得如何運用厚黑權謀，讓追隨他的人，
心甘情願地為自己賣命。
一個成功的領導者必須知道如何激勵部屬的熱情，
鼓舞部屬的士氣，即便這些激勵和鼓舞的言辭全部都是謊話，
也必須把它說得跟真話一樣。

王照 編著

新白話編修版

Thick
Black
Theory

厚黑學

讓別人為你兩肋插刀的厚黑訣竅

完全使用手冊

Thick Black Theory

Thick Black Theory is a philosophical treatise written by Li Zongwu, a disgruntled politician and scholar born at the end of Qing dynasty. It was published in China in 1911, the year of the Xinhai revolution, when the Qing dynasty was overthrown.

說話辦事篇

賀拉斯曾說:

讓別人的鐮刀心甘情願地割在你的麥穗上,
是成功者必須具備的條件之一。

想要別人幫自己兩肋插刀,一定要掌握說話辦事的各種訣竅,
除了必須適時施以小惠,還必須適度在背後讚美。

因為,絕大部份的人都天真地認為,對自己有恩的人,
就是值得賣命的恩人;在背後讚美自己的人,就是值得付出的朋友。

Thick Black Theory is a philosophical treatise written by Li Zongwu, a disgruntled politician and scholar born at the end of Qing dynasty. It was published in China in 1911, the year of the Xinhai revolution, when the Qing dynasty was overthrown.

王照 編

看穿人性說話藝術：改變對方的思路

作　　者　楚映天
社　　長　陳維都
藝術總監　黃聖文
編輯總監　王郡凌
出 版 者　普天出版家族有限公司
新北市汐止區忠二街 6 巷 15 號
TEL / (02)26435033 (代表號)
FAX / (02) 26486465
E-mail：asia.books@msa.hinet.net
http://www.popu.com.tw/
郵政劃撥 19091443 陳維都帳戶
總 經 銷　旭昇圖書有限公司
新北市中和區中山路二段 352 號 2F
TEL / (02) 22451480 (代表號)
FAX / (02) 22451479
E-mail：s1686688@ms31.hinet.net
法律顧問　西華律師事務所・黃憲男律師
電腦排版　巨新電腦排版有限公司
印製裝訂　久裕印刷事業有限公司
出 版 日　2024 年 3 月第 1 版第 1 刷
ISBN◉978-986-389-910-5　　條碼 9789863899105

國家圖書館出版品預行編目資料

看穿人性說話藝術：改變對方的思路／
楚映天著.—第 1 版.—：新北市,普天出版
2024.3 面； 公分. - (溝通大師；59)
ISBN◉978-986-389-910-5 (平裝)

溝通大師
59